KB274461

21세기 벤처의 새로운 대안은 크레비즈

벤처의 제 4물결

이 치 구 지음

한국경제신문

벤처분야에서 다시 새로운 물결이 밀려오고 있다. 첫째 첨단제조업 벤처, 둘째 정보기술(IT) 및 인터넷 벤처, 셋째 바이오 벤처에 이어 제4의 물결이 다가온다. 이 제4물결의 이름은 크레비즈(Crebiz)다.

크레비즈(Crebiz)란 크리에이티브 비즈니스(Creative Business)를 줄인 말이다. 이는 미국에서 처음 쓰인 말이지만, 일본에서는 창조산업, 창조기업, 창조활동 등의 용어로 많이 쓴다. 이 크레비즈가 발생한 것은 벤처의 단점이 여기저기서 나타나면서부터다. 즉 벤처가 그 한계점을 드러내면서 생겨난 것이다.

기업에게 기술과 경영은 수레를 끄는 양쪽 바퀴다. 그러나 지나간 벤처시대에는 기술을 너무 강조한 나머지 한쪽 바퀴만 커지고 말았다. 한쪽 바퀴가 더 큰 수레로는 '생각의 속도'로 아무리 빨리 달려보아야 제자리에서 맴돌 수밖에 없다.

이런 벤처의 허점을 개선한 비즈니스가 바로 크레비즈다. 그래서 벤처보다 성장 가능성이 훨씬 높다. 더욱이 이 크레비즈는 과거의 벤처와 달리 큰돈을 들이지 않고도 성공할 수 있다. 왜냐하면 크레비즈는 자신만이 갖고 있는 개성(個性)이 곧 자산이기 때문이다. 자신만의 컨셉이 거대한 보물창고가 된다.

이 책은 어떻게 하면 이 거대한 보물창고를 찾아내서 자물쇠를 열고 들어갈 수 있는지를 안내한다.

《아라비안 나이트》에서 알리바바는 산에 나무하러 갔다가 도둑들이 "열려라 참깨(Open Sesame)"를 외치자 바위문이 열리는 동굴을 발견한다. 알리바바는 도둑들이 사라진 뒤 자신도 "열려라 참깨"를 외친다. 그러자 동굴문이 스르르 열렸다. 덕분에 그 안에 있던 엄청난 보물을 가져올 수 있었다.

지금 이 시대에 그런 보물을 찾아내려면 "열려라 참깨"로는 불가능하다. "열려라 벤처"로도 이미 늦었다. 이제 이렇게 외쳐야 한다.

“열려라 크레비즈.(Open Crebiz.)”

Crebiz는 Culture, Concept, Creativity, Character, Contents…
등 모두 C자로 시작된다. 따라서 c-비즈니스라고 부를 수 있다.

제4물결 시대는 소프트웨어의 시대다. 이 c-비즈니스야말로 21
세기형 뉴 소프트웨어(New Software)다. 왜냐하면 벤처로 불리
는 인터넷과 e-비즈니스는 이미 하나의 도구(tools)로서 뉴 하드웨
어로 전락했기 때문이다. 이제 크레비즈, c-비즈니스, 뉴 소프트웨
어의 시대다.

이 책에는 크레비즈의 패러다임을 새로 설정하는 등 꽤 이론적
인 내용도 들어 있다. 그러나 결코 학술적인 책이 아니다.

이 책에서 다루고 있는 내용은 벤처 창업을 꿈꾸는 대학생이나
회사원이 자신의 기발한 컨셉이나 경험을 살려 신사업을 시작하
려고 할 때 적합하다. 이미 벤처사업을 시작했는데 뜻대로 성과를
얻지 못하고 있는 기업인과 정책입안자에게 꼭 읽어보기를 권하

고 싶다. 경영학·경제학뿐만 아니라 이학이나 공학을 전공하는 대학원생과 학자에게는 제4의 물결로 상징되는 21세기형 신산업의 방향을 제시할 것이다. 물론 전직을 고려하는 직장인과 SoHo 창업자에게는 필독서라고 생각한다.

이 책은 필자가 일본에서 리서치하여 쓴 것이어서 일본적 관점이 강하다. 그러나 필자는 20년 이상 한국 중소기업의 현장을 발로 찾아다닌 경험을 살려 한국적 사업환경에 필요한 내용만 선택했다.

이 책이 나오도록 지원해준 일본 가나카와 중소기업센터 시바추(芝忠) 위원장과 쓰쿠바대학 정낙중(鄭樂重) 교수님께 진심으로 감사를 드린다.

이 치 구

rheecg@channeli.net

제2장 크레비즈의 환경

제3장 크레비즈 전략

제6장 정책 벤처에서 벗어나기

제7장 에코 크레비즈에 주목하라

제8장 벤처의 제4물결 크레비즈

제1장

크레비즈가

왔다

1. 뉴 소프트웨어의 탄생

일본 웹포트(WebPort)의 스즈키 히로시(鈴木浩) 사장은 창업을 하기 전에 무척이나 망설였다. 아이템은 확실했지만 자금이 모자랐기 때문이다. 그럼에도 그는 지금까지 꼼꼼히 챙겨둔 돈 1,000만 엔으로 과감하게 창업을 했다.

사업을 시작하자 뜻밖의 행운이 연이어 찾아왔다. 회사를 설립한 지 2개월 만에 손정의(孫正義)가 회장으로 있는 소프트뱅크에서 5,000만 엔을 투자하겠다고 제의해왔다. 이에 앞서 소닉스의 가나야마 히로시(金山宏) 사장도 대규모로 투자를 해왔다.

도쿄 치요다구 간다니시키초 2-2의 코신빌딩 7층에 있는 웹포트의 사무실에 들어가보면 30평 정도 넓이에 이국적으로 생긴 여

직원 하나와 남자직원 넷이 조용히 일하고 있다. 보잘것 없어 보이는 이 회사에 현재 소프트뱅크가 41.8%를 투자하고 있다. 그러나 소프트뱅크의 주식 점유율은 차츰 줄어들 전망이다. 벤처 캐피털에서도 투자를 하겠다는 의사를 밝혀왔기 때문이다. 니혼생명(日本生命)의 기업지원팀 매니저가 직접 찾아와 약 1억 엔을 투자하겠다고 제의해온 것이다.

서른네 살의 젊은 나이에 온화한 인상을 가진 스즈키 사장이 도대체 무슨 사업을 하기에 이렇게 선뜻 투자하겠다는 사람들이 늘고 있을까?

알고 보면 그의 아이디어는 대단한 것이 아니다. 인터넷을 통해 퀴즈를 풀어 정답을 맞춘 사람에게 행운의 상품을 주는 것이다. 상품의 종류는 도서권, 한국 여행권, 파리 여행권, 상품권, 와인 세트, 호텔 숙박권 등 다양하다.

그러나 나우 겟 더 챈스(Now Get the Chance)라는 이 게임은 특정 장소나 상품을 직접 보지 않고서는 풀기 어려운 문제들이 나온다. "오타니 호텔의 식당에 매달린 샹들리에의 색깔은 무엇인가?" "영화 《러브레터》의 마지막 장면에 나오는 자동차의 이름은 무엇인가?" 등의 질문이다. 이 문제를 풀려면 한 번쯤 그 곳에 가보거나 해당하는 영화를 봐야 한다.

따라서 이 게임엔 광고주가 붙지 않을 수 없다. 너무나 직접적인 광고효과를 가져오기 때문이다. 나우 겟 더 챈스(nowget.com)는 이미 NTT 등 일본의 대기업을 광고주로 받아들였을 뿐만 아니라, 일본 안에서만 10만 명 이상의 회원을 확보하면서 스즈키 사장을 돈방석 위에 올려놓았다.

스즈키 사장의 성공을 보면서 대부분의 사람들은 '아, 정말 간단한 아이디어 하나로 큰돈을 벌 수도 있구나' 라고 느낄 것이다.

그러나 스즈키 사장의 성공은 단순한 아이디어 발상이 아니라 문화(culture)의 변화를 분석할 줄 아는 힘 덕분이었다. 그는 이런 발상을 하기에 앞서, 인터넷 사업에 진출하기로 마음먹고 일본판 인터넷 백서(白書) 등을 찾아봤다.

일본내 2,000만 명에 가까운 인터넷 이용자들이 어떤 인터넷 서비스를 활용하는지 조사해봤다. 조사결과는 지금까지 생각하던 것과는 전혀 달랐다. 인터넷은 갈수록 업무용으로 활용하는 비중이 높아지고 있는 것으로만 알았는데, 이 분석을 보니 그렇지 않았다.

업무용과 연구·학업 등에 활용하는 비중은 23%에 불과했다. 특히 요즘 들어 급팽창하고 있다는 전자상거래와 인터넷 뱅킹도 20% 미만이었다. 이에 비해 취미·게임·엔터테인먼트 등 놀이를 위해 인터넷을 활용하는 비율은 전체의 43%에 이르렀다. 그 비중이 줄어들기는커녕 오히려 늘고 있다는 사실도 알게 됐다. 이들 놀이용 인터넷 중에서는 어떤 부문이 가장 활용도가 높은지 살펴봤다. 후지쓰 연구소의 자료에 따르면 경품게임에 대해서는 81.5%가 활용을 한다는 내용이 나왔다.

이 자료를 보고 그는 무릎을 쳤다. 여기에서 발상을 얻어 개발해낸 사업이 나우 겟 더 챈스였다. 사실 한국의 백화점에서 BMW 등 외국산 자동차를 경품으로 걸고 세일을 했을 때 엄청난 인파가

몰렸던 사례도 있다.

이처럼 경품과 게임에 반응하는 문화가 이미 우리 곁에 자리잡았음을 깨달은 것이 스즈키 사장의 성공 비결이었던 것이다.

미국이나 한국에서의 인터넷 열풍은 거품이라고 지적하는 사람들이 많다. 실제 이 열풍에 휩쓸려 잘 다니던 직장을 그만두고 인터넷 사업을 시작했다가 적자에 허덕이는 사람들도 늘고 있다. 벤처 밸리인 서울의 테헤란로에서도, 도쿄의 시부야에서도 뒤늦게 인터넷 사업에 뛰어든 데 대해 후회하는 젊은 기업인들을 볼 수 있다.

그럼에도 불구하고 인터넷 분야에서 스즈키 사장의 경우처럼 황금 알을 낳는 사람들이 나타난다. 그렇다면 아직도 벤처 분야에서 황금의 알이 많이 숨어 있다는 얘기인가? 물론이다. 단, 아직 남아 있는 것이 아니라, 앞으로 더 많이 창출될 전망이다.

"나스닥과 코스닥은 가라앉고 벤처는 바닥이 났다는데, 어디에서 황금이 쏟아진단 말인가?"라고 되받을지도 모른다. 그러나 벤처가 컬처로 눈을 돌리면 그 곳에서는 아직도 미개척의 황금어장이 창업선(創業船)을 기다리고 있다.

21세기는 소프트웨어의 시대라고 한다. 그래서 인터넷 사업과 같은 소프트웨어 사업이 급부상했다. 그렇지만 이제 인터넷도 인프라스트럭처, 인터미디어리, 애플리케이션 등으로 도구화되고 말았다.

인터넷도 하나의 연장인 도구(tools)로 바뀐 것이다. 이들을 두고 일본에서는 뉴 하드(new hard)라고 부른다. 따라서 지금부터 인터넷은 진정한 소프트웨어가 아니다. 마이크로소프트, 넷스케이프, 컴팩, 야후 등은 이미 수단을 제공하는 뉴 하드웨어 회사가 된 셈이다.

그렇다면 이제부터 소프트웨어는 무엇인가? 그것은 바로 컬처를 콘텐츠화하는 부문이다. 컬처란 또 무엇인가? 여기에서 컬처란 개성과 창조성을 지닌 문화를 뜻한다. 이 문화에 대한 컨셉이 황금어장을 안내하는 지름길인 것이다.

컬처-컨셉-콘텐츠로 이어지는 길이
황금어장으로 가는 뉴 소프트웨어
(New Software)다.

스즈키 사장의 경우도 인터넷 분야에서 게임·경품·놀이 등 문화적인 요소를 활용했기 때문에 회사를 설립한 지 6개월도 지나지 않아 급부상할 수 있었다. 물론 웹포트는 아직 진정한 의미의 뉴 소프트웨어 회사는 아니다. 이 책에서 말하고자 하는 크레비즈도 아니다. 하지만 약간의 크레비즈 성향을 나타내기만 했는데도 이처럼 큰 성공을 거둔 것이다.

스즈키 사장은 자금이 부족하다고 소프트뱅크를 찾아간 일이 없다. 소프트뱅크 인베스트먼트의 투자담당자가 인터넷을 검색하던 중 나우 겟 더 챈스를 발견하고 스즈키 사장에게 전화를 건 뒤 직접 찾아와 투자하게 된 것이다. 이 회사는 앞으로 계속 증자를 한 뒤 2001년 1월쯤 나스닥 재팬에 상장을 할 계획이다.

스즈키 사장은 한국에도 곧 진출한다. 일단 3,500만 엔을 투자해 현지법인을 설립한다. 그는 한국에서 투자하겠다는 파트너가 있다면 함께 사업을 전개하고 싶다고 얘기한다. 게임, 경품, 놀이문화가 한국에서도 한 차례 바람을 일으킬 전망이다.

사실 인터넷이 어느 정도 거품이 섞여 있는 것은 틀림이 없지만, 스즈키 사장의 경우를 보면 뉴 소프트웨어로의 돌파구만 찾으면 그 곳에 신사업이 있다는 점을 예감케 해준다. 뒤집어 얘기하면 드디어 인터넷으로 집약되는 벤처의 시대는 가고 또 다른 비즈니스인 '크레비즈의 시대'가 오고 있음을 직감할 수 있다.

이것이 바로 컬처—캐릭터—컨셉—콘텐츠로 이어지는 c-비즈니스의 시대다. 자, 이제 c-비즈니스로 일컬어지는 크레비즈가 어떠한 것인지부터 분석해보기로 하자.

2. 벤처와 컬처는 결혼한다

벤처 밸리에서 벗어나라

새 수요층이 나타났다

독일 에센에서 주철공장을 경영하던 중소기업가 프리드리히 크루프가 39세의 젊은 나이로 죽었다. 그는 유산과 일가 친인척의 돈까지 모두 털어 주철공장을 차렸지만 산더미 같은 빚만 남기고 세상을 떴다. 1826년의 일이다.

나폴레옹이 영국 상품에 대해 대륙 봉쇄령을 내리자 그는 영국제 강철이 수입되지 못하는 상황을 활용해 돈을 벌겠다는 목표를 세웠으나 이 계획이 실패해 망한 것이었다. 대륙 봉쇄령이 풀려 영국의 강철이 관세도 거의 붙지 않은 채 밀려들어오자 이 개방체제에 견디지 못해 도산하고 말았다.

크루프에게는 아들 넷이 있었다. 이 중 맏아들인 알프레드는 아버지가 망한 회사를 이어받아 일으키기로 다짐하고 열세 살 때부터 공장에 들어가 일을 하기 시작했다.

그는 밤을 새워 일했다. 감자와 버터 바른 빵만 먹으면서 25년 간을 죽도록 일했다.

당시 독일과 영국의 관계는 현재 한국과 일본의 관계와 비슷했다. 독일은 영국에 비해 후진국인데다 통일이 되지 않은 상태여서 기술과 시장개척 등 모든 면에서 영국보다 뒤졌다. 특히 중소기업가가 국제경쟁력을 갖추기는 너무나 어려운 상태였다.

그러나 1825년 영국에서 철도가 놓여 증기기관차가 달리기 시작하고 독일도 1835년부터 철도 부설에 나서자 그는 자신감을 얻기 시작했다. 레일, 차륜, 기관차 등에 필요한 철강수요가 엄청나게 늘어날 것으로 예측했다. 이 때 알프레드는 이렇게 선언했다.

이제 우리는 강철의 시대를 만났다.

그 당시 밀려드는 '산업혁명'의 속도와 세력은 최근의 '정보혁명'과 비유될 수 있는 것이었다. 이런 상황에서 중소기업인인 알프레드는 1838년부터 1년 간 이름을 숨긴 채 선진국인 영국으로 건너갔다. 영국의 강철제조에 대한 노하우를 알아내고 프랑스에 소형 압연기를 수출할 수 있는 길을 뚫기 위해서였다.

그는 이 여행에서 돌아온 뒤 정치적 혼란에 휘말리지 않고 오직 사업에만 열중했다. 모두들 민중혁명에 열중하고 있을 때 그는 총을 만들다가 대포를 개발하는 데 힘을 쏟았다. 1851년 알프레드는 런던의 하이드파크에서 열린 제1회 국제박람회에 철강 대포를 출품해 금상을 받았다.

알프레드의 대포는 철혈 재상 비스마르크를 만나면서 독일 통일의 밑바탕이 되고 프랑스를 항복시키는 무기가 됐다. '대포왕' 알프레드는 철강의 시대가 온다는 판단을 내리고 이를 사업에 적용함으로써 이처럼 역사적인 성과를 얻어낸 것이다.

지금 한국의 중소기업인들은 알프레드가 자신의 아버지 프리드리히로부터 빚더미에 올라앉은 공장을 물려받은 당시와 비슷하다고 할 수 있다. 중소기업인들은 다시 기업을 일으키기 위해 밤잠을 설쳐가며 일하고 있다.

미국과 일본은 정보화 시대를 맞아 '정보고속도로'를 만드느라 한창이다. 우리로서는 아무리 밤을 새워 땀을 흘려도 선진국을 따라가기에는 아직 힘든 형편이다. 미국의 네트워크와 게놈이, 일본의 정보기술(IT)이 세계시장에서 '철도'를 부설하고 인터넷이라는 이름의 '증기 기관차' 운행을 이미 시작했다.

우리는 어떻게 하면 이들을 따라잡을 수 있을까 고뇌한다. 어떻게 하면 나라를 통일하고 지구촌에서 부강한 국가로 성장하게 할 수 있을 것인가도 걱정한다.

바로 이 같은 문제의 실마리를 풀어내려면 무엇보다 지금 서 있는 21세기가 비즈니스 측면에서 어떤 시대인지 정확히 읽을 수 있어야 할 것이다.

그래야 알프레드처럼 "이제 우리는 강철의 시대를 맞았다"고 외

칠 수 있다.

> **1. 비즈니스 측면에서 본다면 지금까지 우리는 역사적으로 세 차례의 혁명 과정을 거쳤다.**
> **2. 농경혁명, 산업혁명, 정보혁명이 그것이다.**

첫번째 혁명인 농경혁명이 시작됐을 때는 풍곡다산(豊穀多産)이 최고선이었다. 치수(治水)를 잘해서 수확량을 높여야 잘 살 수 있었다. 이어 산업혁명이 일어나면서 증기기관·철도·무기·비행기 등 거대한 생산품이 양곡의 자리를 차지했다. 석탄·석유 등 에너지를 바탕으로 거대한 공장과 시설을 건설하면서 중후장대(重厚長大)를 추구했다.

그러나 컴퓨터가 등장한 이후로 작을수록 경쟁력을 얻을 수 있었다. 더 얇고 가벼워야 부가가치가 높았다. 집적회로를 바탕으로 경박단소(輕薄短小)를 지향했다.

이 경박단소 형태의 장비들은 정보가 곧 돈이 되는 정보화 사회를 만들어냈다. 빌 게이츠가 등장해 인터넷이라는 '대포'로 세계의 정보시장을 점령해버렸다.

지금 우리는 그의 대포를 쓰지 않으면 살아나가기 어렵다. 가정에서든 회사에서든 그의 힘을 빌리지 않고서는 일을 처리하기가 곤란하다. 네트(net)라는 '대포'를 도입하지 않고서는 국가의 존위도 위협받을 정도가 되었다.

이런 위력은 앞으로 얼마나 더 지속될까? 그의 권위는 계속 유지될까? 그와 함께 실리콘 밸리에서 시작된 벤처산업도 앞으로 계속 성장할 것인가?

일단 여기에서 결론부터 잘라 말하면, 우리는 이미 '포스트 실리콘 밸리(post silicon valley)'에 접어들었다. 탈정보화 사회의 문턱에 들어선 것이다.

따라서 한국에서 일고 있는 벤처 열풍도 이제 곧 사라질 것이다. 왜냐하면 세계 곳곳에서 젊은이들을 주축으로 한 신수요층이 단순한 벤처 제품보다는 신문화에 대한 접촉을 더 바라기 때문이다.

21세기의 수요층은 △개성, △개방, △즐거움〔美樂〕을 추구하는 성향으로 나가는 데 비해, 벤처는 일본 경제평론가 오마에 겐이치가 지적한 '1인승(一人勝)의 시대'의 야망을 아직도 버리지 못하고 있다. 벤처업체들은 혼자서 만들기만 하면 팔릴 것으로 착각하고서 계속 외길로 나아가고 있다.

이미 미국과 일본의 많은 최첨단 벤처업체들이 기술만을 자랑하다가 망해버렸다. 이들의 가장 큰 실패 원인은 수요 없는 '첨단'에 너무 치중한 탓이었다.

사람들이 따라주지 않는 기술을 개발하는 것은, 기술 그 자체로서는 발전이지만 비즈니스로서는 허상이다. 러시아의 경우를 보자. 이 나라는 기초기술 측면에서는 세계적으로 앞서 있다. 그러나 비즈니스 측면에서는 계속 어려움을 겪고 있다.

비즈니스란 사람을 끌어들일 수 있어야 이긴다. 수요 없는 개발은 투자자들조차 결국 등을 돌리게 마련이다.

한국의 상황 역시 벤처기업의 뿌리인 비즈니스에 대한 수요층은 많지 않은데도 투자시장만 활기를 띠어 투기화하는 경향을 보였다.

뿌리 없는 벤처 주식은 곧 메마르거나 바람에 떨어지고 만다. 이미 지구촌 곳곳에서 벤처가 첨단임을 내세워 자화자찬하는 동안 수요층은 새로운 컬처(culture)와 에콜로지(ecology)를 찾아 눈을 돌리고 있다.

따라서 포스트 벤처 시대에 비즈니스를 잘 하려면 전세계 수요자들이 무엇을 원하는지 알아야 한다. 그래야 성공적인 장사를 할 수 있다.

앞으로 수요자의 창의적인 욕구를 충족시킬 수 있는 방법은 첨단기술과 새로운 문화가 서로 손을 잡게 하는 길뿐이다. 이미 문화와 벤처는 시장수요에 따라 서로를 필요로 하고 있기 때문에 벤처와 문화는 곧 결합하게 될 것이다. 따라서 다음과 같이 단언할 수 있다.

1. 벤처와 컬처는 곧 결혼한다.
2. 벤처와 컬처가 결혼해 자식을 낳으면 크레비즈(Crebiz)라는 새로운 비즈니스가 탄생한다.
3. Crebiz＝venture＋culture.

3. 크레비즈 패러다임

우리는 가상무한으로 간다

경제법칙에서 문화법칙으로

벨기에로 가기 위해 독일 쾰른에서 기차를 타고 아헨을 지나 국경을 넘어서면 카키색 제복 차림의 판매원이 올라탄다. 그는 "각종 음료수와 맥주, 과일 팝니다"라고 네 번을 연달아 외친다.

이 때 그의 억양이 어찌나 독특한지 모두들 한바탕 웃음을 터뜨리곤 한다. 몇몇 외국인들은 그가 뭐라고 말했는지 옆 사람에게 물어보기도 한다. 여기에서 그가 구사하는 언어는 독일어, 영어, 네덜란드어, 프랑스어 등 네 가지다.

벨기에에서 태어나 교육을 받은 사람이라면 이 네 가지 언어를 모두 알아듣는다. 그러나 이 곳을 방문하는 외국인들은 그 중 한두 가지만 겨우 알아들을 따름이다.

　벨기에에서는 대학을 졸업한 사람이라면 6개 국어를 어느 정도
는 이해한다. 단 하나의 외국어도 배우기 힘들어서 쩔쩔매는 한
국인으로서는 이들의 언어능력이 부럽기만 하다. 이와 같은 측면
에서 볼 때 벨기에 국민들 모두는 언어적 자질 면에서 천재처럼
느껴진다.

　그러나 벨기에 국민들이 이처럼 언어에 능통한 것은 그들의 고
유한 환경과 문화 덕택이다.

　한국이 이념으로 인해 남북으로 갈라져 있다면, 벨기에는 언어
에 의해 남북으로 완전히 갈라져 있는 나라다. 브뤼셀 아래쪽을
경계선으로 북쪽은 네덜란드어, 남쪽은 프랑스어를 쓴다. 동부의
일부 지역 중에는 독일어를 쓰는 '비무장지대'도 있다.

　이 곳에서는 네덜란드어를 쓰는 북쪽을 '플랑드르'라 하고 프랑
스어를 쓰는 남쪽을 '발롱'이라고 한다. 대부분의 지역에서는 인
종과 종교 때문에 분열이 일어나지만, 이 나라에서는 언어 때문에
플랑드르와 발롱이 끊임없이 분쟁과 갈등을 빚는다.

　과거에는 남부지역이 여러 면에서 강세를 보여 프랑스어가 벨
기에의 공용어였다. 프랑스어가 귀족어였고 네덜란드어는 천박한
말로 취급되었다. 그러나 산업혁명이 일어나면서 북부 플랑드르
의 경제력이 남부를 완전히 누르게 되면서 네덜란드어권의 신분
이 상승했다. 그러자 네덜란드어권에 사는 플랑드르 주민들은 네
덜란드어를 공식어로 인정해줄 것을 강력하게 요구하며 폭동을
일으키기도 했다.

　드디어 1930년 정부의 금지조치에도 불구하고, 겐트 대학에서

네덜란드어를 가르치기 시작했다. 1971년에는 헌법을 개정해서 하나의 장관 자리에 플랑드르계와 발롱계에서 각각 한 사람씩 장관을 맡도록 했다.

이 같은 언어 갈등은 벨기에 사람들의 언어능력을 더욱 부채질하는 문화(culture)를 만들어냈다. 이들은 서로 자신의 언어가 지니고 있는 우수성을 입증하기 위해 희랍어 등 고대어까지 열심히 공부했다. 그래서 언어학자들도 무척 많다.

그 동안 벨기에인들에게 골칫거리로 작용하던 이 같은 문화가 최근 들어 경제적인 가치로 떠올랐다. 다시 말해 이런 문화가 벤처를 만나면서 새로운 비즈니스를 탄생시킨 것이다.

항상 분쟁요소로 작용하던 문화가 벤처와 '결혼'해 크레비즈라는 '아들'을 낳은 셈이다.

세계 최초의 대규모 크레비즈라고 부를 수 있는 이 프로젝트의 이름은 플랑드르 랭귀지 밸리(Flanders Language Valley : FLV)다. 이는 벨기에의 이푸레에 거대한 캠퍼스를 설립하고 인터넷에서 언어를 자동으로 번역해주는 시스템을 개발하기 위해 출발한 사업이다.

이 프로젝트는 벨기에의 L&H(Lerout & Hauspie)사가 주도했다. 정보통신 분야의 벤처기업인 이 회사는 벨기에 특유의 문화와 자신의 회사가 갖고 있는 특유의 벤처기술을 '접목'시킬 방법을 모색하다가 이를 창안해낸 것이다.

이들은 FLV기금과 FLV재단을 설립해 관련기업들이 이 비즈니스에 참여할 수 있도록 했다. 그리고 이푸레 지역에 목장으로 쓰이던 26만 3,000㎡의 부지에 사람 귀 모양의 캠퍼스를 만들어 관련기업들의 입주를 유치해나가고 있다.

L&H 스피치 프로덕트사가 이 프로젝트를 미국의 나스닥시장에 상장하자 단번에 20억 달러를 조달할 수 있었다. 이 사업에는 미국의 시스코 시스템스(Cysco Systems), 인텔(Intel), 마이크로소프트(Microsoft : MS) 등도 관여하고 있다.

이미 키웨어 테크놀로지스(Keyware Technologies) 등 20여 기업이 FLV에 입주했다. 이미 언어학 부문을 중심으로 1,000여 명 이상이 이 곳에서 일하고 있다. 2002년까지 약 4,000명의 전문인력이 필요하지만 언어전문가가 많은 벨기에로서는 별 걱정거리가 없는 상황이다.

이 프로젝트는 언뜻 보기에 간단한 번역사업 같지만 그렇지 않다. 음성합성에서 음성인식까지 다양한 기술을 동원해야 하기 때문에 벨기에의 경제적 위치를 바꿔놓을 수 있을 만큼 부가가치가 엄청나게 큰 것이다. 이 제품은 오는 2004년부터 상품화될 계획이다.

요즘처럼 영어가 인터넷 화면을 지배하고 있는 상황에서 이것이 상품화되어 자동번역 시스템을 개발하게 되면 많은 변화가 일어날 것이다.

비영어권도 인터넷을 통해 각종 정보를 공급할 수 있게 돼 사이버 세계에서 영어가 지배하던 문화를 숨죽이게 할 수 있다. 더욱이 비영어권 사람들의 사이버 문화 수요도 폭발할 것이다. 때문에 이 분야야말로 차세대 산업인 크레비즈의 시작인 셈이다.

크레비즈란 크리에이티브 비즈니스(creative business)를 줄인 말로서 창조산업, 창조기업, 창조경영을 뜻한다. 크리에이티브 비즈니스는 미국에서 먼저 쓴 용어이고, 창조경영과 창조산업이란 개념은 일본에서 시작된 것이다.

창조산업 바람이 일본에서 일어난 것은, 일본이 모방과 개선으로 계속 미국을 따라잡으려(catch up) 하다가는 또다시 '빌 게이츠의 대포 바퀴'에 깔릴지 모른다는 판단에서 비롯된 것이다. 더 이상 미국을 이길 만한 경쟁력을 확보할 수 없다는 판단 아래 1997년 중소기업창조활동촉진법을 만들어 정부가 창조기업을 만드는 데 전면적인 지원을 시작했다.

그러나 이 정책은 산업정책의 한 분야로서 기술개발을 지원하는 단계일 뿐 크레비즈의 전체적인 패러다임을 설정하지는 못했다. 따라서 이 책에서는 먼저 크레비즈의 패러다임을 정리해보기로 하자.

일반적으로 벤처와 문화가 결합을 하면 당연히 문화산업(culture industries)이나 크레처(creture)가 탄생할 것으로 짐작하기 쉽다. 벤처와 컬처를 조금씩 닮은 새로운 산업이 발생할 것으로 판단하기 쉽기 때문이다.

그러나 벤처라는 남자와 문화라는 여자가 결합을 했다고 양측을 적당히 닮은 문화산업이 나올 것이라는 보장은 없다. 문화인류학에서는 하나의 문화가 다른 문화를 만나면 크로스 컬처(cross culture)가 발생한다고 지적한다. 이 때 이 문화는 양쪽을 그대로 받아들이기보다는 새로운 문화를 창조하는 경우가 대부분이다.

지금까지 벤처는 기업적인 것이었고, 문화는 기업 외부적인 것이었다. 때문에 벤처와 문화가 서로 교차되면서 이제 완전히 새로운 비즈니스를 창조할 것으로 전망된다. 그래서 이 새로운 비즈니스의 이름이 크레비즈라고 붙여진 것이다.

학술적으로 문화(culture)란 표상(representative), 구성(constructive), 지향(directive), 환기(evocative) 등 네 가지 기능(function)을 가졌다고 한다.

크레비즈는 엄연히 독특한 개체로서 이 네 가지 기능을 이어받아 새로운 표상적·구성적·지향적·환기적인 비즈니스를 창조하면서 지구촌을 변화시켜나갈 것이다.

처음에는 이 크레비즈가 '부모'의 힘을 빌려야 하지만, 곧 성장해서 지구촌의 생태(ecology)를 변화시키면서 새로운 시장을 형성시켜갈 것이다.

많은 경제학자와 미래학자들은 정보혁명에 이어 곧 창조혁명이 밀려올 것으로 내다보고 있다. 노동과 생산수단으로 열심히 일하는 사람에게 많은 부가가치가 주어지기보다는, 상상력이 풍부하고 강한 개성을 가진 사람들이 부가가치를 얻는 시대가 온다는 것이다.

특히 FLV처럼 기존의 문화를 벤처와 접목시켜 새로운 사업을 탄생시키는 크레비즈가 세계 비즈니스를 지배하는 시대에 접어들 것으로 내다보고 있다. 즉 '골칫거리'였던 문화까지도 벤처와 잘 결합하면 부가가치를 만들어낼 수 있는 특이한 시대에 접어든 것이다.

〈표 1-1〉 크레비즈 사회의 패러다임

구분	농업화 사회	공업화 사회	정보화 사회	창조화 사회
시 기	B.C. 3세기 이후	18세기 이후	20세기 후반 이후	21세기 초 이후
혁 명	농경혁명	산업혁명	정보혁명	창조혁명
권 위	봉 건	집 권	분 권	개 성
법 칙	자연법칙	정치법칙	경제법칙	문화법칙
기 술	도 구	엔진, 에너지	컴퓨터, 통신	컨 셉
지 향	공동화	표준화, 시스템화	네트워크화	버추얼화
생산형태	소품종소량	소품종대량	다품종소량	다품종단품
스케일	풍곡다산	중후장대	경박단소	가상무한
추 구	생 존	질·양	속 도	미 락

일본 중소기업종합사업단과 가나카와 중소기업센터, 쓰쿠바대학 등 관련기관 연구원들의 도움으로 만들어본 크레비즈의 패러다임은 〈표 1-1〉과 같다.

크레비즈가 이렇게 새로운 패러다임으로 떠오르기 시작한 이유는, 이미 전세계적으로 문화가 개성화하면서 개인의 소비가 국가경제를 주도하게 되었기 때문이다. 일본의 경우만 보아도 이미 국내총생산(GDP) 가운데 개인 소비가 전체의 61.4%를 차지했다.

따라서 일본 경제기획청은 1999년판 〈경제백서〉에서 "일본 경제가 활력을 찾으려면 설비투자로는 불가능하고 개인소비가 경제구조를 이끌도록 해야 한다"고 지적했다. 이제 상품의 가격과 기능보다 개인이 선택하는 문화가 경제를 활성화시킨다는 결론을 내린 것이다.

따라서 전문가들은 이처럼 컨셉을 활용해 부를 창출하는 창조화 시대는 2000년부터 시작해서 2005년경에는 그 꽃을 화려하게 피울 것으로 예상한다. 이 때부터는 정보혁명이 새 문화를 창출하는 창조혁명에 가리게 된다는 것이다.

실제로 미국의 MOS는 네트 부문의 기업이 아닌데도 급성장을 하고 있다. 이 회사는 전업 가정주부였던 마사 스튜어드가 가정에서의 자신의 경험을 살려 생활잡화를 판매하는 회사로 출발했다.

이 회사의 재산은 거대한 자본을 투자한 벤처기술이 아니라 컨셉(concept)이었다. 마사의 컨셉이 전부였다. 그녀는 개성화된 소비자의 문화를 알았기 때문에 그녀가 생각해낸 상품은 한결같이 날개 돋친 듯 팔렸다.

거의 '다품종소량화'를 지향하는 이들 상품은 '버추얼 판매'를 통해 소비자들에게 '즐거움[美樂]'을 주는 문화산업, 즉 라이프스타일 산업으로 급성장했다.

아직은 이를 두고 라이프스타일 산업 등으로 부르기도 하지만, 이미 이는 크레비즈의 성격을 띠기 시작한 것이다.

이 회사는 연 2억 달러 이상의 매출을 올리고 있다. 미국의 〈월스트리트 저널(Wall Street Journal)〉과 〈USA 투데이(USA Today)〉지는 스튜어드가 소유하고 있는 주식을 약 12억 달러(1조 3,000억 원)로 평가했다. 두 신문은 인터넷 사업이 판을 치고 있는 미국 주식시장에 드디어 변화가 왔다고 지적했다.

MOS의 경우처럼 크레비즈는 반드시 초기의 대규모 투자를 필요로 하는 것은 아니다. 단지 섬세한 아이디어 하나가 바로 이렇게 거대한 부를 창출할 수 있기 때문이다.

〈니혼게이자이신문(日本經濟新聞)〉은 일본에서도 2000년 들어 유토리노공간, 로프트(Loft), F.O.B 쿠프(F.O.B COOP) 등이 컨셉을 활용한 크레비즈에 도전했다고 지적한다.

창조화 사회가 오면 가격경쟁 및 기능경쟁의 경제법칙은 쇠퇴하기 시작하고 인간중심과 생태를 앞세우는 문화법칙이 우세를 보이게 된다.

특히 새롭게 불어오고 있는 신자연주의의 영향으로 자연을 보호하는 차원을 넘어서 지구촌의 자연생태를 인간이 가능한 간섭하지 않는 방향으로 사업을 추진하게 될 것으로 전망된다.

이런 크레비즈 시대에는 개성이 가장 존중되는 가치로 작용하게 된다. 여기에서 개성이란 개인의 성격(individuality)을 중시해서 그의 캐릭터(character)를 가치로 인정해주는 것을 말한다. 따라서 집단 동일성(identity)을 강조하던 풍조는 차츰 사라지고 개인의 성격이 부가가치를 만들어내게 된다. 기업도 자신의 개성을 강조해야 살아남을 수 있다.

또 차세대 벤처는 네트워크와 위성항법시스템(Global Positioning System : GPS)을 바탕으로 또 하나의 가상지구(cyber earth)를 만들어내게 될 것이다.

이는 만물의 버추얼화(virtualization)라는 개념을 통해 가능하다. 국가와 기업들은 지구에서의 모든 사실의 발생과 형성, 움직임, 소멸 등이 가상지구에서 실시간(real time)으로 이뤄질 수 있는 기술을 개발하는 데 힘쓰게 된다. 이 덕분에 지구촌에서 소외됐던 오지의 문화들이 이른바 선진국의 문화와 대등한 대접을 받게 된다.

이 같은 가상지구는 생태, 즉 환경을 존중해 지구치료(地球治療)에도 큰 역할을 담당하게 될 것으로 예상된다.

가상지구를 만들어내려면 가상공간을 무한대로 넓히지 않고서는 불가능하다. 때문에 경박단소를 추구하던 방식에서 벗어나 공간을 무한히 넓혀가는 가상무한(假想無限)을 추구하게 된다. 이 시기에는 생산자의 설비투자보다 수요자의 성향 변화가 비즈니스를 주도한다.

그 동안 '소유의 경제'가 주도했지만 이제는 '즐거움의 경제'가 주도하게 된다. 생태를 중시하는 에코 경제(eco-economics)도 새로운 분야로 떠오르게 된다.

물론 이 같은 패러다임은 하루 아침에 이뤄지지는 않는다. FLV와 같은 크레비즈의 발생이 창조혁명으로 이어지면서 형성된다.

그러나 이와 같이 완전한 형태의 크레비즈 시대가 오기 전에 15%의 크레비즈 시대, 30%의 크레비즈 시대, 60%의 크레비즈 시대로 성큼성큼 바뀌게 된다.

따라서 우리 정부와 기업도 이 창조화 시대에 대한 준비를 서두르지 않으면 또다시 선진국의 대포바퀴에 깔려버릴지 모른다.

4. 대학생사장 시대

주문방식이 달라진다
제조업의 분할
데스크톱 기업은 대학생 차지

일본엔 마치코바(町工場)가 참 많다. 마치코바란 우리말로 하면 '골목 공장' 쯤으로 이해된다. 전형적인 마치코바는 도쿄 오타구 기타코지야(北糀谷) 2초메(丁目)에 가면 줄지어 있다.

이 곳에 있는 모리나가(森中) 제작소와 다이쿄(大協)공구 등은 중소기업이라고 부를 수 있지만 다카하시(高橋)연마, 우치다(內田)용접 등은 이름 그대로 골목길에 있는 마치코바들이다.

특히 2초메 2번지에 있는 이시이(石井)연마는 진짜 소규모 공장이다. 이 기업은 크기가 사글세 단칸방보다 작다. 기껏해야 3평 정도 될까말까 하다. 이 단칸방을 들여다보면 이런 곳에서 제대로 된 정밀제품이 나올까 걱정이 된다. 이것도 공장이라고 해야 할지

의문이 간다.

사실 이들 마치코바는 지난 7~8년 간 엄청난 고생을 했다. 일본에 복합불황이 몰려오면서 하청받는 물량이 크게 감소했기 때문이다.

한때 "일본의 마치코바 공장은 아무리 작아도 주문만 하면 비행기 한 대가 그 안에서 만들어져 나온다"라고 할 정도로 이들은 금형을 만들고 쇠를 깎는 기술 분야에서는 세계 최고의 품질을 자랑했다. 그러나 '비행기'를 주문하는 사람이 없어지자 힘을 잃었다. 그럼에도 불구하고 이들은 거의 업종전환을 하지 않고 아끼고 금욕하며 복합불황을 버텨냈다. 이제 이들의 금욕생활은 드디어 빛을 보게 됐다.

신하청 시대, 즉 뉴 오더(new order) 시대가 왔기 때문이다.

정보화 시대까지의 하청 개념은 부품을 고정적으로 장기 납품하는 업체란 뜻이었다. 그러나 이들의 고정적이고 장기적인 납품 관계는 수주·발주 개방체제를 맞으면서 점점 줄어들고 있다.

이제 인터넷을 통한 전자상거래가 부품 조달에도 적용돼 특정 자격을 가진 기업들이 경쟁입찰에 참여해 납품을 결정하기 때문이다.

네트워크 시대를 맞으면서 기업과 기업 간(business to

business : B2B, BtoB) 거래도 개방적 전자상거래로 전환되고 있다. 이 새로운 B2B 거래는 지금까지 중소기업 정책으로 추진해오던 중소기업 계열화 시책에도 큰 영향을 주었다. 그 동안 대기업의 납품기업이 된다는 것은 대단한 '특권'이었다. 그러나 뉴 오더 시대에는 이런 특권이 사라지게 된다.

또 B2B의 변화는 제조업체의 분리를 촉진시킨다. 개방적 경쟁체제에서는 제조업체의 개발팀과 제조부문이 항상 붙어 있을 필요가 없기 때문이다.

제조업체는 창조부문과 생산부문의 두 가지로 분할된다.

여기에서 창조부문이란 기술개발이나 상품개발·제품설계 등의 부문을 말한다. 특히 이들 창조부문에 속하는 사람들은 크레비즈 시대의 속성인 개별화(individualize)를 선택하게 된다. 이 분야에 종사하는 사람들은 이제 더 이상 대기업에 속하지 않아도 자신의 이상을 펼 수 있기 때문이다. 즉 컨셉과 기술만 있으면 혼자서도 기업을 경영할 수 있기 때문이다.

부품생산 업체든 기계설비 업체든 모두가 홈페이지를 구축하고 가상공간에서 거래를 할 수 있어 하나의 컨셉만 갖고서도 설계, 기술, 부품생산, 완제품 조립 등의 과정을 해결할 수 있게 된다.

지금까지 벤처 시대에는 참신한 아이디어를 가진 젊은이들이 주로 소프트웨어를 개발해 일확천금을 벌어보자는 데 온 힘을 쏟은 것이 사실이다.

그러나 의외의 컨셉을 창출한 젊은이들은 이제 더 이상 고민할 이유가 없다. 왜냐하면 상품을 제조하는 하드웨어까지도 사이버공간에서 처리할 수 있게 되었기 때문이다. 이는 바로 가상공간에서 거래가 가능한 가상기업(virtual enterprise : VE)들이 늘어난 덕분이다.

VE는 데스크톱 기업화한다.

VE의 출현은 벤처기업을 마이크로 기업(micro business)으로 바꿔놓게 된다. 이 마이크로 기업은 더욱 분리되어 데스크톱 기업을 만들어내게 될 것으로 전문가들은 전망하고 있다.

가상공간에서 부품조달부터 완제품생산까지 가능해지면서 데스크톱 컴퓨터 하나만 있다면 제품을 생산할 수 있는 시스템을 갖추게 된다. 이는 소프트웨어를 개발해서 판매하거나 공급하던 시대와는 한결 다른 체제다. 혼자서 대규모 완제품생산까지 가능해진 것이다.

일본의 경우에는 마치코바에서 생산 전문 분야를 맡게 된다. 마치코바들은 컨셉의 창조보다 정밀하고 품질이 우수한 제품을 깎아내는 면에서는 단연 최고다. 이러한 점에서는 이들을 확실히 믿을 수 있다. 그래서 이들에게 주문이 밀릴 수밖에 없다.

이제 데스크톱 공장이 뜨면서 마치코바들도 다시 한번 주문 폭주 시대를 맞이하게 될 것이다.

그런데 여기에서 짚고 넘어가야 할 사항이 있다. 바로 데스크톱 공장은 어떤 사람들이 맡게 되느냐란 것이다. 물론 이 분야는 기존 제조업체의 개발부서에 근무하던 사람들이 많이 주도하게 될 것이다.

그 다음은 대학생들이다. 사실 대학생들로서는 벤처시대에 첨단 소프트웨어를 개발하더라도 판매망을 제대로 확보하지 못하거나 대인관계, 접대 등의 어려움으로 이를 기업화하는 데 힘들었다. 더욱이 신제품 개발에 대한 아이디어가 떠올라도 이를 직접 만들어보긴 어려웠다. 그러나 데스크톱 기업 시대에는 이것이 가능하다.

따라서 앞으로는 대학생 사장들이 두각을 나타내게 된다.

이제 젊은 창업자들은 인터넷을 통해 일본의 마치코바에도 부품 생산을 주문할 수 있기 때문에 제조공정에 그다지 부담을 갖지 않고 사업을 할 수 있다. 부품 조달망이 가상화되어 대금결제만 먼저 하면 독일에서든 미국에서든 일본에서든 완벽한 부품을 구할 수 있다.

그런데 데스크톱 공장 하나만으로 어떻게 국제적인 수요에 대응할 수 있을 것인지가 과제다. 산업혁명 초기를 다시 한번 생각해보자. 당시에는 목장이나 경작지를 많이 가진 지주들이 최고였다. 그러나 산업혁명이 일어나면서 100만 평을 가진 지주보다 1,000평의 공장을 지닌 기업인이 더 많은 매출과 수익을 올리게 됐다.

이제 이러한 성향이 더 심해져서 기업의 규모는 더 이상 중요하지 않게 됐다. 그 기업의 컨셉이 더 큰 가치를 갖게 된 것이다.

그렇다면 이 크레비즈는 어떤 단계로 발전하게 될까? 물론 앞에서 지적했듯이 크레비즈 시대가 단숨에 오지는 않을 것이다. 크레비즈 시대의 창조혁명은 다음 여섯 가지 단계로 나타날 것이다.

1. 창조산업 발생
2. 창조형 기업 생성
3. 창조적 경영 실현
4. 창조산업 정책 전개
5. 창조사회 형성
6. 창조국가 건설

그렇다면 창조성과 문화가 지배하는 이 창조산업 시대를 알프레드가 대포를 만들었던 산업혁명 시대와 비교한다면 어떻게 될까? '강철'과 '대포'가 크레비즈 시대에는 어떤 것으로 대치될 수 있을까? 아마도 다음과 같이 컨셉의 실행이 가장 중요한 자리를 차지할 것이다.

1. 이 시대의 강철은 컨셉이다.
2. 이 시대의 대포는 창조다.

5. 크레비즈 @생각의 차이

> 남과 달라야 이긴다
> 회사는 노는 곳이다
> 이제는 거꾸로 생각하자

　정보화 시대에는 데이터를 주고받는 속도가 가장 중요한 과제였다. 속도가 돈이 되고, 더 빠른 속도가 최고의 목표였다. 그러나 속도는 이제 어느 정도 확보됐다.

　따라서 창조화 시대에는 상상력(imagination)을 통한 컨셉이 돈이 되고 기업의 목표가 된다. 창조화 사회에서는 남과 다른 생각을 만들어내고 실천해야 성공할 수 있다. 창조화 사회에서는 컨셉이 기술과 속도의 자리를 차지하기 때문이다.

　요즘 일본의 연예계에서는 개성 없는 연예인들이 살아남기 어렵다. 연예인뿐만 아니라 방송인들까지 마찬가지다. 언어폭력을 휘두르는 비토 다케시와 뉴스를 진행하며 스스럼없이 웃어 제끼

1. 정보화 시대에는 '빌 게이츠@생각의 속도'
   였다.
2. 그러나 창조화 시대에는 '크레비즈@생각
   의 차이'로 바뀐다.

는 구메 히로시 등과 같이 남들이 쉽게 흉내낼 수 없는 캐릭터를 확립해야 성공한다. 잘 생기고 못생긴 건 그 다음 문제다. 키가 크든 작든 캐릭터가 강해야 시청자에게 다가선다.

앞으로는 기업도 이처럼 개성으로 승부해야 하는 시대에 접어들었다. 창조화 시대에는 자신만의 컨셉을 개발하고 실천해야 개성을 즐기는 수요자들이 움직이기 때문이다.

컨셉을 개발하고 개성을 만든다고 하면, 일부러 계획하고 꾸미고 애를 써야 하는 것으로 생각하기 쉽다. 그러나 크레비즈 시대에는 이런 생각마저 바꿔야 한다.

상식적으로 생각할 때 컨셉이 아닌 것을 컨셉으로 만든 일본의 중소기업을 살펴보자. 이 분야에서라면 단연 도쿄 오타구에 있는 긴모리제작소(金森製作所)를 들 수 있다.

도쿄 시내에서 하네다(羽田) 공항으로 가는 길을 따라가다 좌회전해 산업도로로 접어들면 바다와 맞닿아 있는 노미가와(呑川)라는 작은 강을 만난다. 이 강을 건너지 말고 우회전하면 중소제조업체들이 많이 밀집해 있는 지역이 나온다.

이 길을 따라 베이타(美田)금형 등 크고 작은 공장과 주택들을 지나 조금 더 가면 오모리미나미(大森南) 2-8-16에 네거리가 나온다.

이 네거리 구석에 있는 자주색 3층 건물이 긴모리제작소다. 다이에이정기(大榮精機)와 붙어 있는 이 회사는 신제품 시작용(試作用) 부품과 금형을 만들어주는 업체로, 사업내용에서는 그다지 특별한 것이 없어 보인다. 그럼에도 불구하고 업계에서 이 회사는 '판금기술'을 '판금예술'로 끌어올린 것으로 인정을 받는다.

기술을 예술로 창조해낸 이 업체는 경영 면에서 다른 점이 한 가지 있다. 다름 아닌 사장의 경영 컨셉이다. 상식적으로는 말도 안 되는 컨셉을 실천하고 있다.

중소기업 사장이라면 사원들에게 월급에 비해 일을 많이 시키려고 한다. 그것이 경제원칙이기 때문이다. 그러나 긴모리 사장은 이를 거꾸로 생각한다. 기업은 놀이〔遊〕의 참뜻을 중시해야 성공을 한다는 것이다. 그는 사원들의 진짜 희망은 다음 세 가지라고 확신한다.

1. 급여가 높다.
2. 노는 날이 많다.
3. 회사에 가는 것이 편하다.

알고 보면 이는 어느 누구나 아는 당연한 얘기다. 그러나 막상 기업의 사장으로서 이를 실천하기는 어렵다. 더욱이 대표적 일벌레의 나라인 일본에서는 더 어렵다.

일본이 아니더라도 세계의 모든 기업들은 경영목표, 자아실현이라는 명목으로 어떻게든 사원들에게 일을 많이 시키려고 한다. 그러나 긴모리 사장은 억지로 일을 시키려고 하지 않는다. 대신 쉬는 시간을 많이 주고 가능한 휴일을 늘려주려고 한다. 골프, 모터사이클, 스키 등을 즐기도록 하고 이를 회사가 지원해준다.

이 회사는 주차장이 넓지 않아 승용차로 출근하긴 어렵다. 전철을 타고 와 가까운 역에서 자전거를 이용해야 한다. 기업은 일하는 곳이라는 게 일반적인 생각이다. 그러나 긴모리 사장은 기업이란 즐길 수 있는 곳이라고 생각한다.

그의 견해가 맞을지도 모른다. 사실 클래식 음악을 좋아하는 사람이라면 몇 시간씩 숨죽이며 들어야 하는 콘서트가 마냥 즐겁기만 하지 않은가. 야구 매니아라면 중요한 게임을 보기 위해 매표소 앞에 몇 시간씩 앉아 기다리며 옆사람과 야구 얘기를 나누는 게 즐거움일 수밖에 없다.

발레에 미친 사람이라면 모범택시를 타고 공연장으로 가다가 길이 막혀 지하철로 바꿔 타 아슬아슬하게 입장하는 어려움에 시달리고도 그 발레 공연을 보러 오길 참 잘 했다고 생각한다.

이는 경제법칙으로 볼 때 도저히 설명이 되지 않는 대목이다. 그러나 문화법칙으로는 쉽게 설명된다. 문화는 스스로 즐기는 것이기 때문이다.

이런 측면에서 긴모리 사장의 컨셉은, 문화법칙이 지배하는 크레비즈 시대에 적합한 것임에 틀림이 없는 듯하다.

이제 문화법칙이 경제법칙을 능가한다.

21세기의 지배법칙인 문화법칙은 지금까지의 경제법칙과는 다른 역사고(逆思考)를 요구하는 경우가 많다. 기업은 사원들을 더 잘 놀 수 있게 해주는 곳이라는 컨셉도 경제법칙으로 보면 역사고인 것이다.

가나카와켄 요코하마에 있는 가토전기(加藤電氣)도 이런 역사고로 급성장한 기업이다. 이 회사를 둘러보면 이처럼 역사고적인 컨셉이 얼마나 창조성을 일으킬 수 있는지 깨닫게 된다.

이 곳은 복사기의 원고 자동이송장치 분야에서 일본 최고의 기업으로, 힌지(hinge) 부문에서만 200건 이상의 특허를 보유하고 있을 정도다.

그런데 이 회사의 조직표를 보면 의아한 부분이 있다. 조직 피라미드가 거꾸로 되어 있기 때문이다. 이 업체에서는 조직표상 가장 높은 자리에 있는 사람이 사원이다. 가장 낮은 사람이 회장으로 되어있다.

조직표만 그런 것이 아니라 경영활동에서도 마찬가지다. 한 달에 두 번 열리는 경영회의에 회장은 한 번만 참석할 수 있다.

이 회사의 야마타 회장은, 기업은 나무와 같아서 뿌리가 아래에 있어야 번성한다고 굳게 믿는다. 그래서인지 가토전기는 긴모리 제작소만큼이나 사원들이 많이 놀 수 있도록 해준다. 1년에 휴일이 125일에 이른다. 연중 3분의 1을 쉬는 셈이다. 경제법칙으로 따져본다면 도저히 계산이 나오지 않는 휴가일수다. 그러나 일본에서는 이런 기업이 점점 늘어나고 있다.

이처럼 개성이 돈이 되고, 경제법칙보다 문화법칙이 기업에 적용되는 크레비즈 시대는 먼 곳에 있지 않고 이미 우리 가까이 와 있다. 이런 사실을 모르고 컨셉을 바꾸지 않은 채 벤처기술 개발에만 몰두하다 보면 수요자들의 수요성향과 문화를 완전히 무시하는 사태가 벌어지고 만다.

하나의 비유법(比喩法)을 동원해보겠다. 지팡이를 들고 다니는 것이 유행하자, 벤처기업들은 지팡이에 첨단기술을 도입하는 데 온힘을 쏟았다. 한 벤처업체는 소형 모터를 장착해 자동으로 움직이는 바퀴 달린 지팡이를 만들었다.

그러자 다른 업체는 센서를 부착한 지팡이를 개발했다. 이에 질세라 후발 경쟁업체는 탄력성이 뛰어난 티타늄을 소재로 한 지팡이를 내놨다.

경쟁이 치열해지면서 나침반이 부착된 지팡이, GPS가 장착된 지팡이, 골프채로 전환되는 지팡이 등이 줄지어 쏟아져 나왔다. 그러나 지팡이 산업에 참여했던 벤처업체들은 최첨단 기술을 개발해 상품화했음에도 불구하고 모두 부도를 내고 도산하고 말았다.

왜냐하면 창조화 사회로 접어들면서 건강과 장수를 추구하게

돼 장애자가 아닌 사람들은 지팡이를 들고 다니지 않게 됐기 때문
이다. 장애자들조차 가능한 한 지팡이를 사용하지 않고 걸을 수
있도록 하는 쪽에 돈을 더 들였기 때문이기도 하다.

정말 우스갯소리 같지만 실제 한국에서 한때 지팡이 제조업이
중소기업 고유업종으로 지정된 적도 있었다. 이 분야에 대기업들
이 뛰어들어 시장을 잠식할까봐 이런 조치를 취한 것이었다.

크레비즈 시대에는 어느 한 분야가 유행을 탄다고 우루루 몰려
가는 벤처시대의 악습을 그대로 답습하다가는 '지팡이 벤처' 꼴을
당하게 된다. 남과 다른 생각을 하고 자신만의 개성을 가진 아이
템으로 독특한 문화를 실천해야 성공할 수 있다.

이제 '크레비즈@생각의 차이'가 중요하다.

제2장

크레비즈의 환경

1. 이제 SoHot이다

소네하라 히사시(曾根原久司)는 38세의 경영 컨설턴트다. 그는 기업 컨설턴트인데도 참 특이한 곳에서 산다. 일본 야마나시켄의 남알프스가 바라다보이는 시골에서 원목집을 짓고 살아간다. 이런 시골에서 어떻게 경영 컨설턴트 일을 할 수 있는지 의구심이 간다.

그러나 그는 인터넷이 있기 때문에 업무에 아무런 지장을 받지 않는다. 메이지(明治)대학 경제학부를 졸업한 그는 도쿄에서 주식회사 글로벌 오픈 시스템(Global Open System)을 경영하다가 이 곳에 칩거해버렸다.

그는 이 곳에서 농업·의료교육을 동시에 운영하는 네트워크를 구축했다. 또 무인 야채판매대를 설치하는가 하면, 한 대에 10만 엔 하는 장작 스토브를 개발해 첫 해에 10대를 팔기도 했다.

요즘 그는 자신의 상품을 이용하는 고객들과 특정 비영리활동법인(NPO)을 설립하기 위해 바쁘다. 원목형 거실에 두 대의 컴퓨터와 커다란 원목 테이블을 갖춰놓은 것이 사무실의 전부다. 그는 아키하바라나 시부야와는 또 다른 크레비즈를 만들어내고 있는 것이다.

소네하라보다 더 심하게 자신의 집 안으로 완전히 칩거한 경우의 예는 미국의 닷컴가이(www.dotcomguy.com)를 들 수 있다.

그는 2000년 초 노트북 컴퓨터 하나만 달랑 들고 텍사스에 있는 자신의 집에 들어가 버렸다. 1년 간 화장지도, 가구도 없는 집에 들어가 오직 인터넷으로만 살아보겠다는 시도였다.

그는 이 곳에서 수건에서부터 식료품, 전화 등을 모두 인터넷으로 조달해 살았다. 그의 생활은 인터넷을 통해 24시간 방영됐다. 그는 왜 이런 생활을 자처했느냐는 물음에 "전자상거래(e-commerce)만으로 살아갈 수 있다는 걸 증명해보이기 위해서"라고 대답했다.

그는 도대체 전자상거래가 뭐냐고 묻자 "인터넷으로 책을 사고 인터넷을 통해 조카에게 포켓몬을 보내주는 것"이라고 대답했다.

닷컴가이의 홈페이지에 들어가보면 그의 주장은 제대로 실현돼가고 있는 것으로 보인다. 그의 일정을 보면 각종 인터뷰와 광고로 가득차 있다. 엄청나게 상업화(commercialization)되어버렸다.

닷컴가이가 일으킨 '인터넷 서바이벌'은 세계 곳곳에서 바람을 불러일으키고 있다. 대만에서는 최근 '망로 생사결전 이십오천 (網路 生死決戰 二十五天)' 이란 이름으로 25일 간 생존대회가 열리기도 했다.

세 명의 남자가 이 대회에 도전해 아무런 설비도 없는 호텔에서 생활을 시작했다. 이들은 현금 500대만달러와 신용카드만 갖고 입실했다.

이들은 자작곡(自作曲)을 판매하는 등 생활비를 조달했다. 그러나 한 사람은 중도에 탈락하고 다른 한 사람은 12일 간 굶어 5kg 가까이 빠졌다고 고백하기도 했다.

어쨌든 살아남은 사람은 10만 대만달러를 상금으로 받았다.

한국에서도 최근 인터넷 서바이벌이라 할 수 있는 '디지털 커뮤니티 생활체험 프로젝트' 행사 참가자 한 사람을 뽑는 데 2,400여명의 지원자가 몰려 성황을 이루기도 했다.

이런 닷컴가이들의 바람은 엉뚱하게도 새로운 문화를 만들어내고 있다. SoHot(small office home office telework) 바람을 몰고 오고 있는 것이다. 그 동안에는 소규모 사업을 소호(SoHo)라고 불렀다. 그러나 이제 소핫(SoHot) 시대가 온 것이다.

26세의 닷컴가이는 현재 자신의 집에 틀어박혀 있지만 그 곳에서 비즈니스를 벌이고 있는 셈이다. 방송에 출연하기도 하고 자신이 조달해 쓰는 상품을 팔아주는 방법을 통해 돈을 벌면서 살아가고 있는 것이다.

이는 단순히 보면 디지털 라이프를 실현한 듯하지만 주거와 비즈니스를 완벽하게 결합한 SoHot 문화를 만들어낸 것이다.

SoHo는 오피스 성격이 강하면서 대부분 벤처 밸리에서 작은 사무실을 운영하는 것을 목표로 삼았다.

그러나 SoHot 문화는 지금까지 벤처시대의 위치 개념인 '밸리(valley)'를 완전히 바꿔버렸다. 벤처에서 크레비즈로 넘어오면서 비즈니스를 실행하는 장소가 밸리에서 플레인(plains)으로 바뀐 것이다.

1. 벤처의 위치개념 : 밸리(valley)
2. 크레비즈의 위치 : 플레인(plains)

도시의 특정 지역에 집중되었던 밸리가 플레인으로 분산되는 까닭은 네트워크가 가상화하면서 집중의 효율성이 떨어졌기 때문이다.

SoHot 문화는 이미 새로운 수요를 불러일으키기 시작했다.

SoHot 문화는 새로운 크레비즈를 창출하고 있다.

SoHot 용품을 공급하는 비즈니스가 바로 그것이다. 이는 먼저 가구 분야에서 시작되었다. 그 동안 가구는 안방용 장롱 위주에서 싱크대를 중심으로 한 부엌가구 중심으로 가다가 사무자동화

(office automation : OA)가 이뤄지면서 사무용 가구로 바뀌어왔다. 그것이 이번에는 SoHot 관련 시장을 형성하고 있다.

이미 미국에서는 닷컴가이 덕분에 홈오피스 가구와 용품이 인기를 누리기 시작했다. 좁은 공간에서 앉거나 눕는 것이 가능한 가구에서부터 CD나 DVD, 컴퓨터 디스켓 등을 정리하기 쉬운 테이블 박스 등이 인기를 누리고 있다.

미국 샌프란시스코에 있는 가구점 IDEO와 어웨어하우스(aWarehouse) 등은 SoHot 가구를 공급해서 인기를 누리기 시작했다. 일본에서도 신주쿠에 있는 ACTUS, 아오야마에 있는 NOCE, 시부야에 있는 Lef, 효코켄의 에크류 등에서 SoHot 관련제품을 공급하고 있다.

이들이 공급하는 가구는 한결같이 사무용으로 활용할 수 있으면서도 공간을 많이 차지하지 않는 것이 특징이다.

SoHot 바람은 주거 형태에도 변화를 미칠 것이다. 주거와 비즈니스가 결합된 사이버 주택과 사이버 아파트가 속속 생겨나게 된다. 특히 사이버 아파트는 이 분야에서 새로운 크레비즈를 창출하게 될 것이다.

거실은 컴퓨터, 디지털 카메라, 전화, TV 등이 하나로 연결된 첨단업무시설인 '멀티스테이션(multistation)'이 설치되어 실질적인 업무공간으로 탈바꿈할 것으로 예상된다. 이 곳에서는 영화와 게임도 즐길 수 있다.

이 같은 멀티스테이션 기능은 주택의 형태에도 큰 변화를 가져오게 된다. 그 동안 각자가 생각해오던 문화적인 형태를 기초로 개인의 개성을 살린 형태가 선보일 것이기 때문이다.

생태중시 성향도 주택 형태에 영향을 미치게 될 것이다.

생태를 중시하는 문화가 팽창하면서 '에코 챔버(eco chamber)'가 생겨나게 된다.

이 에코 챔버(환경친화형 주거)의 발생은 이와 관련된 크레비즈를 창출할 것이다. 미국의 퓨처 시스템이 개발한 그린빌딩(green building)도 이와 비슷한 발상에서 비롯된 것이고, 히사시가 사는 집도 바로 이 같은 주거의 하나인 셈이다.

SoHot 바람은 관련 소프트웨어의 수요도 부채질하고 있다. 홈 오피스 문화가 확산되면서 세계적으로 SoHot 소프트웨어가 인기를 끌기 시작했다.

일본에서는 유니싱이 내놓은 'SoHo 비즈니스 2000'의 수요가 늘어나는 추세다. 이 프로그램은 재택근무자가 판매·지불·출납을 간단히 처리할 수 있는 것으로 현재의 경영상황까지 쉽게 파악해볼 수 있도록 돼 있다.

SoHot 사업자들은 스스로 홈페이지를 만들고 일러스트레이션 등을 처리하는 경향이 있다.

덕분에 아도비 시스템스의 아도비 골라이브 4.0(Adobe Golive 4.0)과 아도비 일러스트레이터 8.0(Adobe Illustrator 8.0) 등이 시장을 넓혀가는 중이다. 이 밖에 머니 2000(Money 2000), 퀵북스

2, 로고비스타 X(LogoVista X), 웹다이버, 쿼크 익스프레스 (Quark Xpress), 초속 98(超速 98) 등이 서서히 크레비즈 시장 을 만들어가고 있다.

2. 아키하바라를 본다

도쿄 중심을 한 바퀴 도는 전철인 JR 야마노테선(山手線)을 타고 아키하바라(秋葉原)역에 내려 덴키마치구치(電氣街口)로 나오면 전자상가에서 흘러나오는 환한 불빛과 네온사인에 눈이 부신다. 쿵쾅거리는 전자음향 때문에 어디부터 둘러봐야 할지 어리둥절해진다.

이 곳에는 정말 개인이 가질 수 있는 벤처관련 제품이라면 모든 것이 다 있다고 해도 과언이 아니다. 디지털 카메라, 경량 노트북, 자동항법장치(navigator), 게임CD, 몰래 카메라 관련품, 가전제품, 소모품 등이 즐비하다.

2000년 들어 이 곳에서 가장 두각을 나타내는 제품은 네트 폰

(Net Phone)이다. 지금 출시되는 네트 폰은 기존의 핸드폰 개념을 완전히 깬 것이다. 이는 NTT의 도쿄모(DoCoMo)가 내놓은 i 모드(i MODE)가 주도한다.

이것은 상당한 용량의 전자우편을 보내고 받아볼 수 있는 기능을 내장하고 있다. 휴대폰으로 〈니혼게이자이신문〉이나 〈산케이신문(産經新聞)〉, 〈아사히신문(朝日新聞)〉 등 각종 신문을 읽을 수 있고 사쿠라은행, 산와은행(三和銀行), 스미토모은행(住友銀行) 등과 각종 입출금 업무도 처리할 수 있다.

더욱이 도쿄의 유명한 서점인 기노쿠니야쇼텐(紀伊國屋書店)에 있는 책을 검색하고 핸드폰으로 구입할 수도 있다. 이 밖에 사전(辭典)검색, 신용카드 조회, 가라오케 서비스, 티켓 예약 등 여러 가지 서비스를 받을 수 있다.

현재 일본에서 네트 폰 접속이 가능한 서비스는 네 가지다. NTT도코모 등의 i 모드, J-폰 등의 J-스카이, DDI셀룰러 등의 EZ웹(EZweb), IDO 등의 EZ 엑세스 등이다.

이들 제품 자체는 NEC, 샤프, 소니, 교세라, 도시바 등에서 만든다. NTT도코모는 곧 자바(Java)에 대응하는 i 모드 단말기도 선보일 예정이다. 따라서 휴대폰은 이미 네트 폰으로 전환됐으며 곧 휴대 컴퓨터화할 전망이다.

이젠 카메라도 디지털 시대로 넘어갔다. 카메라와 컴퓨터는 별도의 상품이었지만 이제 직접 관련 있는 제품이 됐다. 디지털 카메라로 찍은 사진을 컴퓨터에 입력시켜 검색해본 뒤 프린터로 출력해야 하기 때문이다. 앞으로는 이 디지털 카메라도 영상과 음성을 CD에 입력하고 재생하는 단계에 접어들게 될 전망이다.

아키하바라에서는 요즘 한 손 안에 잡히는 크기의 디지털 카메라를 할인가격으로 판매하기에 혈안이 되어 있다.

앞으로 영상기자재 시장은 첨단 포토시스템(APS)이 주도하게 될 전망이다. APS란 기존의 인화사진과 디지털 화면을 연계시킨 것으로, PC가 사진현상소 역할까지 맡아주는 시스템이다. 이 기술은 디지털 카메라로 움직이는 사물을 찍은 뒤 마음에 드는 영상을 선택한 후, PC에 연결해 기존 인화사진 수준 이상의 사진을 만들어낸다.

캐논, 올림푸스, 니콘, 펜탁스, 야시카 등이 한결같이 APS 관련 신제품을 대거 개발 중이며 관련 신제품을 계속 내놓고 있다. 후지필름, 폴라로이드, 코니카 등은 여기에 사용할 수 있는 새로운 감광제(emulsion)를 개발하기에 바쁘다.

JR 아키하바라역에서 나와 오른쪽 첫번째 블록에 있는 컴퓨터 전문 상가에 들어가보자. 이 곳에 가면 이제 노트북 컴퓨터도 무겁게 들고 다니던 시대는 완전히 끝났음을 알게 된다.

끊임없이 얇아지고 경량화돼간다. 빅터(Victor)의 모빌PC와 도시바의 리브레토(Libretto)시리즈를 보면 노트북이 더 이상 작아질 필요가 있을까라는 생각이 든다.

특히 파나소닉(Panasonic)이 업계 최초로 4.3mm의 초박형 키보드를 개발하면서 이름 그대로 공책(notebook) 두께의 컴퓨터가 나오게 됐다.

차량자동주행장치도 소니(Sony)의 DVD 내비시스템이 세계 최소를 자랑하고 있으며, 켄우드(Kenwood)의 DVZ 내비게이션 시스템도 자신의 행선지를 손가락으로 누르기만 하면 정보가 나타나는 제품을 선보이고 있다.

결국 이 내비게이터도 음성인식 장치를 달아 말만 하면 가고자 하는 길을 안내하는 수준으로 발전될 것이다. 일본에서는 이미 말만 하면 글자가 찍히는 워드프로세서가 개발된 상태다. 따라서 손을 움직이지 못하는 사람도 마음놓고 편지나 소설을 쓸 수 있게 됐다.

이처럼 각종 전자제품이 갈수록 가벼워지고 기능이 다양해지면서 이제 제품의 구분이 어려워지기 시작했다.

실제 카시오(Casio)가 내놓은 성인 손바닥 크기의 카시오페이아(Cassiopeia)는 뭐라고 설명해야 할지 판단이 서지 않는 상품이다. 동화상을 촬영할 수 있는 디지털 카메라 기능을 가진데다 이 영상을 메일로 전송할 수도 있다. 또 동화상과 정지화상을 찾아볼 수 있는 무비 기능도 들어 있다. 여기에다 음악을 들을 수 있고 윈도와도 연결된다. 개인정보도 관리할 수 있다. 손바닥 크기의 작은 제품이지만 그야말로 멀티 커뮤니케이션(multi communication)의 미래를 예측할 수 있게 하는 제품이다.

카시오페이아만 그런 것이 아니다. 이미 디지털 카메라와 휴대폰과 경량 컴퓨터는 하나의 제품으로 통합되고 있다. 누구라도 아키하바라를 여러 번 돌고 나면 다음과 같은 벤처제품의 출현을 예견할 수 있다.

1. 멀티미디어 키트(multimedia kit)가 나온다.
2. 이는 휴대폰, 카메라, 컴퓨터, TV, 녹음기,
   가라오케, 전자수첩, 화상전송기, 전자사전
   등 모든 전자제품의 기능을 활용할 수 있는
   제품이다.

이 같은 벤처기술은 앞으로 우리의 업무속도를 엄청나게 높여줄 전망이다. 따라서 어느 기업이 이 멀티 제품을 먼저 개발하느냐에 따라 희비가 엇갈릴 것으로 예상된다.

그러나 이런 멀티미디어 기능은 뜻밖에도 개성화를 촉진시킬 전망이다. 남들과 떨어져 혼자 살 수 있는 생활이 가능해지기 때문이다.

아키하바라는 바로 이런 문화적인 수요를 아직 준비하지 못하고 있다. 이 지역의 지속적인 번성 여부는, 이런 개성화 문화를 어떻게 받아들이는지가 관건이 될 것이다.

10년 전 또는 5년 전에 아키하바라를 찾아와본 사람이 지금 다시 이 곳에 와보면 누구든 이런 생각을 한 번쯤 하게 된다.

그 곳에서 파는 제품들은 첨단화되었지만 아키하바라의 전자상가 크기는 예전 그대로라는 점을 느꼈을 것이다. 모이는 사람들의 숫자도 그다지 변하지 않았음을 알게 된다. 오히려 줄었다고 지적하는 사람들이 많다.

자세히 살펴보면 아키하바라는 가로, 세로 약 500m 지역 안에 상가들이 모여 있다. 더 이상은 확장되지 않고 있는 것이다.

왜 디지털에 대한 수요가 늘어가고 있는데도 아키하바라는 확장되지 않을까? 경박단소(輕薄短小)를 지향하는 탓인가, 아니면 지역적인 환경 때문인가?

한곳에 집중하려는 밸리적인 성향이 사라져가는 데에도 원인이 있지만, 개성 있는 문화가 없다는 점이 더 큰 요인이라 할 것이다.

문화를 만나지 못한 벤처는 더 이상 갈 곳이 없다.

벤처의 한계가 바로 여기에 있는 것이다. 물론 아키하바라에도 문화는 있다. 게임기 판매가 최고의 문화다. 또 게임 CD를 값싸게 사려면 아키하바라에 오는 것이 바람직하다.

그러나 소니가 플레이스테이션(Playstation)을 통해 게임CD를 편의점에서도 쉽게 살 수 있도록 대량공세를 펴면서 이것을 사기 위해 아키하바라에까지 올 필요가 없게 됐다.

〈니혼게이자이신문〉은 이런 현상을 놓고 다음과 같이 규정한다.

차세대 게임기는 '실내회귀(室內回歸) 현상'을 가속화시킨다.

실내회귀 현상은 인터넷의 영향뿐 아니라 차세대 게임기의 영향을 더 심하게 받고 있다고 한다. 플레이스테이션, 닌텐도, 드림캐스트 등 3사의 경쟁은 젊은이들을 실내에 붙들어두기에 충분한 게임기를 속속 내놓고 있다.

닌텐도(任天堂)는 곧 차세대 게임기 돌핀을 내놓을 방침이다. 이에·대응해 마쓰시타 전기는 멀티DVD 플레이어를 발매한다. 마이크로소프트도 차세대 게임기, 가칭 X-박스(X-box)를 내놓는다. SEC는 여기에 질세라 프레스티2를 사용한 콘텐츠 배신(配信) 서비스를 실시한다. 스퀘어도 네트 대전(對戰)이 가능한 인기 게임 '파이널 판타지' 최신작을 내놓는다.

이런 게임업체들의 경쟁에 밀려 젊은 세대들은 실내에 있는 시간이 늘어날 수밖에 없게 됐다. 더욱이 아키하바라는 고객 구성 면에서 상당히 문제가 있다. 가장 큰 문제점은 여성 고객이 많지 않다는 것이다.

이미 벤처시대를 거치면서 남성의 상징인 '힘과 무력'은 매력을 잃었다. 속도와 미적 감각이 이를 앞질렀다. 여성이 시장을 주도하는 이른바 '아마존(Amazon) 시대'가 왔다. 시장에서의 수요 비중도 여성이 더 큰 비중을 차지하기 시작했고, 문화의 변화도 여성들이 주도하기 시작한 것이다.

따라서 여성을 끌어들이지 못한 비즈니스는 한계에 이를 수밖에 없는 상황이다. 그러나 아키하바라를 찾아오는 고객 중 여성의 비중은 20%선에 지나지 않는다.

아키하바라 덴키마치구치에서 바라다보이는 마이웨이 골목에 들어가보자. 여기엔 마루야마(丸山) 등 10여 개 중소기업이 뭉쳐 있고, 다음 거리에는 호다무선(宝田無線), 주지로(十字路) 등 중소기업이 밀집해 있다.

그래서 언뜻 보면 아키하바라는 이시마루 등 대기업 영업점을 제외하면 거의 중소기업으로 구성돼 있는 것처럼 보인다. 그러나 속을 들여다보면 그렇지 않다. 이들 중소기업이 판매하는 제품은 한결같이 대기업의 제품이다. IBM, NEC, 소니, 미쓰비시, 도시바, 엡손, 후지필름 등 거대기업들의 물건을 판다.

이제 수요성향이 개별화되는 다품종단품시대가 오면 거대기업보다는 중소기업이 경영상 유리해진다. 거대기업들도 이름만 통합체제를 유지할 뿐 내부적으로는 중소기업 형태의 매니지먼트를 취할 수밖에 없게 될 전망이다.

따라서 직영점과 비슷한 대기업제품 의존체제는 변신을 해야 할 상황에 이르렀다. 이제 머잖아 개성이 중심이 된 주문형 멀티미디어 키트의 수요가 부쩍 늘어날 것으로 예상되고 있다.

이 분야는 대기업보다는 중소기업들이 맡을 수 있을 것으로 예측된다. 이런 측면에서도 아키하바라는 한때 이름을 날렸지만 이제 변화를 꾀해야 할 시점에 온 것이다.

3. 네오 르네상스

도쿄 시부야(澁谷)역 뒤쪽에서 요기할 만한 식당을 찾고 있었다. 주변이 고엔(公園)도리 쪽보다 어둡고 허름했으나, 밖으로 새 나오는 밝은 불빛으로 미뤄 괜찮아 보이는 곳이 있었다. 과감하게 문을 밀치고 들어섰다.

그러나 다음 순간 몹시 놀랐다. 식당 안에 들어서자 젊은 여자가 속옷이 거의 다 비치는 웃옷을 입고 "어서 오십시오"라며 다가섰다. 아랫도리도 짧은 치마 하나만 걸친 상태였다.

'이거 잘못 들어왔구나' 생각하며 되돌아 나가려는데 그게 아니었다. 식탁에 앉아 있는 사람들을 슬쩍 곁눈질하니 직장인들이 대부분이었다. 주춤거리며 그 여자가 안내하는 식탁으로 갔다.

자리에 앉아 주변을 다시 한번 살펴봤다. 그러나 그 여자만 속이 비치는 옷을 입었을 뿐 시부야의 여느 음식점〔酒居屋〕과 별로 다를 바 없었다.

얇은 옷을 입은 그 여자는 자신의 옷차림에 개의치 않고 열심히 주문을 받고 접시를 날랐다. 20대 후반으로 보이는 열 명 정도의 젊은이들이 맥주를 마시고 있었지만, 누구 하나 그 여자를 자세히 쳐다보는 사람은 없었다.

이 식당이 있는 지역인 시부야는 도쿄에서 젊은이의 거리로 손꼽히는 곳이다. 여러 가지 면에서 아키하바라와는 대조적이다. 아키하바라가 벤처적인 곳이라면 시부야는 문화적 성향이 강한 곳이기 때문이다.

사실 시부야의 거리에는 이 식당 여자와 비슷한 선정적인 차림을 한 젊은 여인들이 수없이 지나다닌다. 이처럼 노출이 심한 문화가 시부야에 사람들을 끌어모으는 힘을 갖고 있는 듯하다.

그렇지만 이들이 짧은 치마를 입는 건 관능적으로 보이기 위한 것보다는 개방적이고 싶어하는 심리가 더 강하다. 다른 사람들이 자신을 쳐다보는 데 그다지 신경을 쓰지 않는 점이 그렇다. 물론 옷을 벗는 개방성뿐 아니라 자신의 마음을 솔직히 표현하는 개방성까지 한꺼번에 드러내는 것이 시부야족(澁谷族)들의 특유한 현상이다.

지금 시부야로 몰려들고 있는 젊은이들은 대부분 집에 컴퓨터를 갖고 있다. 인터넷을 생활화하고 있는 네트 에이지(net age)들이다. 한국의 네트 에이지들도 마찬가지겠지만 일본의 네트 에이지들은 이미 가상공간에서 마음놓고 즐길 수 있는 도구를 가지고 있는 셈이다. 이들은 컴퓨터 앞에서 미국인·호주인 등과 채팅을 하기도 하고 별다른 규제 없이 다양한 사이트에 들어가 즐기기도 한다.

이들은 미니스커트를 차려입고 시부야를 찾아오지 않아도 실내에서 차세대 게임기들을 마음껏 즐길 수 있다. 그러나 〈니혼게이자이신문〉이 '실내회귀 현상'을 지적하고 있음에도 불구하고 시부야에는 발디딜 틈 없이 젊은이들로 북적댄다. 이들은 왜 여기를 찾아올까?

그 이유는 매우 다양할 것이다. 이 곳에 오면 개성 있게 차려입고 다닐 수 있다는 것을 첫번째 요인으로 꼽을 수 있을 것이다. 여기에서는 기상천외한 행색을 연출해도 아무런 눈총이나 간섭을 받지 않는다.

여기에서 만나는 사람 중 4분의 1은 신인류(新人類)다. 이 곳의 '고걀(小 girl)'들은 '간구로(顔黑) 룩'이라 불리는 그을린 색조화장을 한다. 머리색깔도 희한하다. 노란색에서 은색, 포도색, 보라색, 초록색도 눈에 띈다.

여자는 퍼머를 해서 치켜세우거나 남자보다 더 짧게 깎아 염색을 했다. 여러 갈래로 땋기도 했다. 검은 얼굴에 연한 색 마스카라를 칠하고 인디언 모자를 쓴 여인들도 많다.

남자는 긴 머리를 뒤로 질끈 묶거나 길게 늘어뜨렸다. 언제부터 일본인들이 이처럼 다양한 머리색의 인종으로 변했는지 이해가 되지 않는다.

여자들의 옷은 어깨가 완전히 패인 얇은 원피스에서부터 한 뼘 남짓한 길이의 가죽치마와 비닐치마에 이르기까지 이루 말할 수 없이 각양각색이다.

이처럼 특이한 차림 이외에도 시부야에 나오면 즐길 수 있는 문화공간이 너무나 많다.

오후가 되면 시부야 곳곳에서는 노상 공연이 벌어진다. 기타를 치면서 노래를 부르는 젊은이가 있는가 하면, 각종 타악기를 가져와 연주하는 그룹도 있다.

시부야역 앞에서 자신이 개발한 특이한 대나무 나팔을 북과 함께 두드리는 청바지 차림의 뮤지션은 창조성이 뛰어난 연주가다.

이 곳에 둘러선 관객들도 여느 지역 사람들과 다르다. 음악을 연주하면 듣는 사람도 몸을 흔들며 함께 춤을 춘다. 자연스럽게 함께 참여하는 문화가 형성돼 있다.

일요일 오후가 되면 '모피 반대', '저공해차량' 운행 등 플래카드 차량을 앞세우고 캠페인을 벌이는 수많은 무리의 젊은이들이 춤을 추면서 지나간다. 이들이 나타나면 시부야 거리는 온통 거대한 디스코장으로 변한다.

시부야인들은 캠페인까지도 즐기고〔樂〕 놀면서〔遊〕 성취한다. 시부야야말로 네오 르네상스(Neo Renaissanse)의 거점이 돼가고 있는 것이다.

시부야를 찾아오는 젊은이들의 공통적인 행동은 다음 세 가지로 집약된다.

**첫째, 자기 멋대로 한다〔個性〕
둘째, 벗고 싶어한다〔開放〕
셋째, 논다〔美樂〕**

미국의 학교에서는 어떻게든 남들과 다르게 생각하고 상상하고 창출하라고 가르친다. 플로리다 올랜도에 있는 유니버셜 스튜디오의 바이오관 입구에는 이런 글귀가 적혀 있다. "내가 이 세상에 태어난 가장 소중한 가치는 남들과 다름(difference)을 만들어내는 것이다"라고.

그러나 일본의 학교에서는 어떻게든 남들과 같이 행동하고 같은 생각을 하라고 가르친다. 상식에서 벗어난 행동은 잘못이라고 꾸짖는다.

교육부터가 집단을 너무 의식한다. 집단논리에 벗어나는 일은 절대 할 수 없도록 가르친다. 집단에서 동떨어진 행동을 하면 따돌림을 당하게 된다. 동질성을 갖도록 강요한다. 이는 우리나라도 마찬가지다.

이런 교육의 억압 메커니즘 속에서도 시부야의 신인류들은 문화적인 동질성을 최초로 거부했다. 이질적인 자신만의 문화를 만들어내려고 갖은 행색을 연출해보곤 한다. 자신만의 캐릭터를 만들어내려고 힘을 쏟는다. 개성·개방·미락을 추구하려 한다.

이제 비즈니스는 이런 문화의 변화를 파악해야 한다. 이미 동질성을 거부하는 이들 시부야 세대의 문화를 끌어들이기 위해 벤처 기술을 활용해야 한다.

히노 고조(日野公三)는 일본적 집단교육에 더 이상 참여하기 싫어하는 세대를 위해 네트 스쿨(Net School)이란 독특한 교육 시스템을 창출해냈다. 이 네트 스쿨은 싫증나는 과목 대신 흥미 있는 과목을 집중적으로 공부할 수 있게 해 창의성(creativity)을 높여주는 교육을 실시한다는 것이 목표다.

시부야에서 새바람을 일으키고 있는 이 학교는 일본 고등학교 를 거치지 않고 미국 고등학교 졸업자격 시험에 합격할 수 있게 해 동질성을 요구하는 일본 교육을 비켜갈 수 있도록 하고 있다.

시부야를 한자로 쓰면 삽곡(澁谷)이다. 삽(澁)자는 떫다는 뜻 으로 영어로 bitter이고 곡(谷)은 valley이다. bitter valley인 셈이 다. 요즘 이 곳에 몰려드는 벤처기업인들은 시부야를 bitter의 er 를 떼고 비트 밸리(Bit Valley)라고 부른다.

이 비트 밸리에는 10대 시절 이 곳을 즐겨 찾던 젊은 벤처인들 이 몰려들고 있는 추세다. 이미 시부야 문화를 아는 그들로서는 벤처기법만 도입하면 크레비즈를 만들어낼 수 있을 것으로 보기 때문이다.

대학 3학년생이 설립한 호라이즌 디지털 엔터프라이즈를 비롯 해 젊은 층이 주축이 돼 설립한 벤처기업은 시부야 일대에만 해도 약 400여 개에 이르고 있다.

네트워크 개발 업체인 네트 에이지(Net Age), 오디오 음악전 송 벤처업체인 다이내믹 네이키드 오디오(Dynamic Naked

Audio), 네트워크 비즈니스 업체인 인터큐, 인터넷 시장조사업체인 디지털 개러지(Digital Garage) 등이 자리잡고 있다.

정보제공업체인 크레아토의 오다 사장은 "이제 시부야는 지리적 명칭이 아니라 '시부야적이라는 문화'를 가리키는 말로 바뀌었다"고 밝힌다. 즉 시부야라는 지리적 장소보다 창조적 분위기를 지칭하는 것이라고 분석한다.

> **시부야에 몰려드는 기업인들은 이와 같이
> 창조성이 강한 분위기에서 비즈니스를 하기
> 위한 목적을 갖고 있다.**

시부야인들은, 이미 시부야는 벤처가 아니라 크리에이티브 비즈니스, 즉 크레비즈로 가고 있다고 선언한다. 차세대 수요자의 성향이나 소비자 문화를 파악하기에는 시부야보다 나은 곳이 없다고 충고한다.

4. 첨단비즈 미생광천

한때 시골에서 돼지를 내다 팔려면 분동이 달린 저울로 무게를 달아야 했다. 이 때 돼지가 몹시 설치는 바람에 이 저울로는 80관인지 85관인지 정확히 측정하기가 무척 힘들었다. 때문에 구매자와 판매자 사이에 다툼이 잦았다.

그러나 요즘 저울은 동물이 아무리 움직여도 컴퓨터가 진동(振動) 평균치를 산출해 무게를 정확하게 알려준다.

앞의 것은 기계식 저울이고 뒤의 것은 전자식이다. 전자저울은 측정방식이 기존 기계식과는 전혀 다르다. 로드셀이란 전기방식 부품이 무게를 측정한다.

마약범을 검거해 몸수색을 해보면 반드시 주머니에 정밀저울이

들어 있다고 한다. 그만큼 정확한 무게측정이 요구되기 때문이라
는 것이다.

이는 보석상들도 마찬가지다. 다이아몬드가 몇 캐럿인지 알려
면 정확한 저울이 있어야 한다. 때문에 항상 주머니에 소형 저울
을 넣어 다닌다. 이처럼 정밀성을 요구하는 수요가 새로운 시장을
만들어내고 있다.

그 동안 저울을 필요로 했던 업종은 미곡상, 정육점, 목욕탕 등
유통 서비스 관련 분야가 대부분이었지만 이제 제조업체들이 저
울의 활용도를 넓혀가고 있다. 생산공장에 가보면 나사를 세는 일
에도 저울을 이용한다. 한 상자의 나사를 가져다 얹으면 나사가
몇 개인지를 자동으로 계산해주기 때문이다.

최근 들어 전자식 저울에 이어 먼지의 무게도 잴 수 있는 전자
기반발 방식의 초정밀 전자저울이 등장하기 시작했다. 이 저울은
자기가 반발하는 힘을 활용해 미세한 분말의 무게까지 달 수 있게
한 것이다. 이 같은 방식의 저울은 스위스의 메틀러, 톨레도 등에
서 만든다. 이런 저울은 유전자(遺傳子)공학 분야에 새로운 전환
점을 던져주고 있다.

그 동안 염색업체들은 염료를 섞을 때 각각의 비중을 맞추지 못
해 고민해왔다. 그러나 이 초정밀 전자저울은 $0.1\mu g$까지 측정할
수 있어 손쉽게 비중을 맞출 수 있다. 초정밀 전자저울의 특징은
진동을 흡수하는 기능을 가졌다는 것이다.

위도(緯度) 감지기능도 있다. 이들 제품은 저울이라기보다 하
나의 컴퓨터다. 실제로 일반 컴퓨터에 연결할 수 있는 잭이 달려

있다.

특히 최근 오하우스가 개발한 전자저울은 인터넷과 연결된다. 저울의 기능이 정보통신기기 수준으로 향상되어 세계를 바꿔나가고 있는 것이다.

이제 이 저울처럼 한 분야에서 첨단화된 기술은 다른 분야로 확산되는 경우가 늘어나고 있다. 따라서 이 같은 미세 분야는 앞으로도 더욱 넓은 비즈니스 시장을 형성할 것으로 전문가들은 내다본다.

뉴비즈니스로 떠오를 초미세 분야를 보통 '나노(nano) 분야'라고 부른다. 이 부문에서는 미국 MIT에서 이미 직경 0.1mm 크기의 실리콘제 마이크로 모터(micro motor)를 개발한 이후 일본에서도 각종 자동차용 미세 센서 등의 개발에 힘을 쏟고 있다.

초미세가공 분야는 머리카락에 구멍을 뚫을 수 있는 기술이다. 이는 반도체 정밀가공에 크게 기여할 것으로 예측된다.

특히 $0.1\mu m$의 회로선 개발은 대규모집적회로(LSI)를 정밀화하는 데 기여하게 될 것이다. 그러나 전문가들은 반도체의 미세화는 앞으로 15년 이내에 한계에 이를 것으로 보고 있다. 이 때의 회로선폭은 $0.05\mu m$ 수준이 될 것으로 예측한다.

반면 미세가공 분야는 2020년 정도에 이르면 나노미터 수준의 초미세 기계가공장치를 개발해 거대한 수요를 불러일으키게 되고, 의료 분야에도 기여하게 될 것으로 추정된다. 초정밀 가공 분야는 신체를 절개하지 않고 수술을 할 수 있게 해주기 때문이다.

수술은 초미세 내시경을 장착한 '미세 다관절 로봇'이 담당하게 된다. 이 로봇은 광 레이저를 장착해 진단·치료가 가능한 마이크로 캡슐을 만들어낸다. 이는 2005년쯤이면 실용화 단계에 접어들 것으로 보인다.

일본의 히타치(日立)는 광파이버 내시경을 활용해 원격조작을 할 수 있는 뇌외과(腦外科) 수술용 로봇을 개발해놓고 임상실험을 하고 있는 중이다.

이런 방식은 100년 전 수술에 마취약을 도입한 것만큼이나 획기적인 혁명으로 평가될 것이다. 무엇보다 이것은 의료비 증가로 고민하는 사람들에게 다행스런 일이 될 것 같다.

마이크로 분야에서는 미생물 분야도 가세할 전망이다. 유전자 해석, 식물공장, 동물공장에 이어 미생물공장이 나오게 될 것으로 전문가들은 전망한다. 인공발효 및 산업용 미생물 시장이 확장될 것이라는 말이다. 〈니혼게이자이신문〉은 인공발효에서만 곧 50억 달러선의 시장을 형성할 것으로 예상하고 있다.

이미 미국의 아메리칸 타이프 컬처 콜렉션이 지니고 있는 미생물의 수는 약 7만 주를 넘어섰다. 유럽은 약 6만 4,000주를 보유하고 있다.

일부 학자들은 현재 보유 중인 미생물을 지구촌 모든 사람들이 유익하게 활용할 수 있는 방향으로 나아가기 위해 국제협약을 맺자는 의견까지 제시하고 있다.

광(光) 분야도 차세대 첨단기술로 각광을 받고 있다. 광 분야에서는 전자통신으로는 불가능했던 벽을 광통신이 허무는 데 기여할 것으로 예상된다. 이들은 앞으로 창조기술을 통해 우리의 생활과 문화를 직접적으로 변화시킬 수 있는 분야다. 따라서 이들 분야의 전개과정을 예측해보는 것이 크레비즈에 큰 도움이 될 것이다.

〈니혼게이자이신문〉의 조사에 따르면 가정용 광통신기기 분야에서만 2000년에 50억 달러 시장을 형성할 것으로 예측하고 있다. 따라서 광 분야의 크레비즈도 이미 우리 코앞에 다가와 있는 셈이다.

1. 에너지 : 태양전지, 레이저 핵융합
2. 광정보처리 : 광디스크, 광인터커넥션, 광
컴퓨터
3. 광통신 : 대용량 통신, 광네트워크
4. 광치료 : 레이저 진단, 초미세치료
5. 광반응 : 광촉매, 일산화탄소 고정화
6. 광센서 : 로봇, 자동차

이처럼 광 분야는 새로운 디스플레이도 개발해내게 된다. 지금까지 나온 디스플레이는 LCD를 활용한 액정화면이 가장 정밀한 것이었다.

그러나 앞으로는 PDP(plasma display pannel : 불활성 가스를 플라즈마 방전으로 발광), EL(electro luminations : 유기물 발광재 사용), FED(field emission display : 음극과 양극의 전압 활용) 등이 상품화될 것이다.

미국 샌프란시스코 인근에 있는 로렌스 리버모어연구소는 지구 위에 인공태양을 만드는 거대한 프로젝트를 본격화했다. 이 인공태양은 '레이저 핵융합'을 토대로 한 것으로, 태양의 내부에서 일어나는 핵융합반응을 인공적으로 재현하자는 것이다. 연료원은 수소의 중간에 있는 중수소와 3중수소다.

이 프로젝트가 성공하면 광 분야와 에너지 분야는 신기원을 이룩하게 될 것이다. 이 기술은 미국 외에 일본의 히다치제작소와 NTT 등에서도 연구 중이다. 각국이 이 프로젝트 개발을 서두르고 있어 앞으로 이것이 핵무기 개발에 전용되지 않을까 우려되기도 한다.

이같이 거대한 프로젝트가 아니더라도 레이저광을 응용한 기술은 렌즈의 표면 정밀가공에서부터 정보기록 등 다양한 방면에 걸쳐 활용될 전망이다. 이 같은 광 분야의 연구개발은 한결같이 자연환경을 보호하는 차원에서 추진되고 있다. 이제 지구의 생태를 파괴하는 기술은 수요자를 확보할 수 없기 때문이다.

연료전지 자동차, 천연가스로 만든 석유, 수소(水素)관련 연구 등도 모두 자연을 보호하는 방향에서 추진되고 있다.

따라서 앞으로 차세대 첨단기술 분야는 ① 미세분야, ② 바이오, ③ 광 분야, ④ 환경 등 '미생광천(微生光天)' 분야가 될 것으로 전문가들은 예상하고 있다. 이 미생광천은 곳곳에서 새로운 문화와 크레비즈를 만들어내게 될 것이다.

5. 다품종단품이 뜬다

창조화 시대에 접어들면서 개성 추구는 제품의 개발과 공급에도 큰 영향을 미친다. 물론 제1장에서 지적한, 완벽한 다품종단품 생산은 단번에 이뤄지지 않을 것이다.

그러나 반제품 수준의 제품을 생산 최종 단계에서 세상에 단 하나뿐인 물건으로 만들어 쓸 수 있게 해주는 방식이 크레비즈 시대에는 이뤄지게 된다.

이것은 옵션에 기초한 유연(flexive) 생산을 한 단계 더 넘어서는 생산방식이다.

일본에서 다품종단품으로 옮아가는 문화현상을 가장 실감할 수 있는 곳은 도쿄 곳곳에 있는 도큐 한즈(Tokyu Hands)와 세이부

백화점 계열의 로프트(Loft)다.

시부야에 있는 도큐 한즈는 입구에 영어로 Creative Life Store(창조생활 상점)라고 써놓았다. 5층 건물을 층별로 A실, B실, C실 등 복합구조로 만들어 조립가구에서 여행용품까지 다양한 생활용품을 판매하고 있다. 이 업체는 취향에 맞게 소비자가 만들어 쓸 수 있는 DIY(Do It Yourself) 제품을 많이 갖춰놓은 곳으로 유명하다.

2층에 있는 나무제품 판매장은 완벽한 DIY 코너다. 이 곳은 옛날 목공소를 연상케 한다. 삼(杉)나무, 노송나무 등 다양한 종류의 나무판자를 두께별·넓이별로 갖춰놓았다. 각종 나무판자는 개당 240엔에서 3,600엔까지 다양한 가격대로 전시해놓았다.

이 나무로 뭘 만들든 소비자의 마음대로다. 테이블을 만들 수도 있고 설치미술의 재료로도 활용할 수 있다.

매장 입구에는 소비자들이 마음대로 설계할 수 있는 책상과 자, 필기구 등 설계도구도 준비해놓았다. 이 곳에서 대충 설계한 후 전문가와 상담을 거쳐 자신이 원하는 물건을 만든다.

이러다 보니 시공용구도 새로운 수요를 창출하기 시작했다. 5층에 가보면 수십 가지의 붓을 비롯해 특수 공구들이 즐비하다. 건축모형 제작을 좋아하는 이들을 위해 잔디밭을 만드는 소재를 파는가 하면 심지어 나뭇잎을 만드는 제품까지 갖췄다. 화분을 장식하는 타일이나 내장용 타일과 접착제 등도 찾아볼 수 있다.

그러나 이 도큐 한즈도 한계는 있다. 앞으로 수요자들의 취향이 더욱 개별화되어 DIY상품만으로는 수요를 충족시킬 수 없게 된

다. 이제 개별화된 수요자들은 완벽하게 자신만의 제품을 창조하
고 싶어하는 LIM(let it be myself)제품을 원할 것이기 때문이다.

따라서 'DIY' 제품은 'LIM' 으로 바뀌게 된다.

이런 LIM시대가 오면서 대기업의 제품보다 소비자의 주문을
신속하게 수용할 수 있는 중소기업들이 다시 두각을 나타내게 될
것이다.

도큐 한즈를 다시 한번 살펴보자. 도큐 한즈측은 이 곳에서 이
미 전세계에서 생산되는 약 1만 개 이상의 중소기업제품을 판매하
고 있다고 설명한다.

강렬한 은빛의 특수금속으로 만든 옷걸이는 도쿄에 있는 나가
시오산업(長塩産業)이 공급하고 플라스틱 옷걸이는 오사카에 공
장을 둔 싱크(Shink)에서 공급하는 등 많은 중소기업들이 각각의
제품을 공급한다.

수도용품(水道用品)만 해도 플라스틱관을 생산하는 산에이
(Sanei), KVK 등 50여 업체에서 독특하고 실용적인 제품을 개발
해 수요자들이 마음놓고 고를 수 있게 해놨다.

로프트도 마찬가지다. 자전거용 잠금장치는 오사카에 있는
DAN인더스트리 등에서 생산하고 구두깔창 역시 오사카에 있는
모이아주식회사 등에서 생산해서 공급받고 있다. 조리도구는 니
가타현(新潟縣)에 있는 요시가와사가 만드는 등 이 곳 역시 1만여

중소기업들이 생산해서 공급한다.

물론 해외 중소기업들이 생산하는 수입제품도 높은 비중을 차지한다. 플라스틱 용품 등은 대만제품과 한국제품도 무척 많다.

LIM시대가 오면 한국의 중소기업들이 자신 있게 일본시장을 공략할 수도 있다. 일본적인 특성, 특히 시부야적인 문화만 이해한다면 일본 시장이 한국 중소기업의 장터로 변하는 것은 시간문제로 보인다.

일본의 문화가, 일본의 전자제품이 한국에 밀려들어올까 걱정하기에 앞서 동대문 시장의 패션 업체들처럼 한국에서 먼저 시부야에 진출하는 것이 크레비즈다.

시부야의 문화적 특성을 그냥 넘겨버리기에는 너무 영향력이 크다는 사실을 알게 된 미국과 유럽 업체들은 이 곳에 진출하기 위한 시장조사를 끝냈으며, 상당수의 유명 브랜드 기업들은 이미 점포 설치를 끝내기도 했다.

이탈리아의 세가프레도(Segafredo)도 일본 진출 1호점을 시부야에 냈다. 커피 전문업체인 세가프레도는 1~2층에 200석 규모를 갖춘 유럽식 찻집이다. 세가프레도에는 다양한 종류의 커피가 있어 마음대로 골라 즐길 수 있는 것이 장점이다.

가격은 다른 커피 전문점에 비해 약간 비싼 편이다. 그럼에도 불구하고 "평일 하루 평균 1,300여 명이 다녀가고 토요일과 일요일엔 2,000명 정도가 다녀간다"고 세가프레도측은 얘기한다.

오데마치 등과 같은 도쿄의 중심가에는 대부분 평일 손님이 더 많다. 그렇지만 시부야에는 일요일 손님이 더 많다. 새로운 문화를 즐기러 오는 사람이 더 많다는 뜻이다.

스페인 브랜드인 자라(Zara)도 일본 진출 1호점으로 시부야를 선택했다. 이 회사는 독특한 콤비네이션 의류로 시부야의 문화와 만나기 위해 이 곳을 선택했다.

미국의 스타벅스(Starbucks)도 이 곳에 점포를 냈고 타워레코드와 영국계 HMV는 거대한 빌딩에 전시판매장을 갖추었다.

외국 기업들까지 2000년대를 겨냥해 시부야로 몰리는 데는 그만한 이유가 있다. 앞으로의 시대에는 젊은이들의 문화가 더 이상 하위문화(sub culture)가 아니기 때문이다.

1990년대까지 젊은이의 문화가 성인문화에 대해 하위문화로서 평가받아온 것이 사실이었다. 주류문화가 있고 그것에 묻혀 있는 하위문화 또는 기존의 문화에 반발하는 반문화(anti culture)였다.

그러나 이젠 디바이디드 컬처(divided culture)로 부상했다.

청년문화가 하위문화일 때에는 수요시장에 그다지 큰 영향을 미치지 못했다. 그러나 이제 성인문화 이상으로 수요력을 갖게 됐다. 이 디바이디드 컬처를 모르는 비즈니스는 실패할 수밖에 없게 된 것이다.

크레비즈 시대에 앞서가는 기업이 되려면
디바이디드 컬처에 무게를 둬야 한다.

이런 상황 변화를 시부야 본토 기업들도 이미 실감한 지 오래다. 개성·개방·미락의 성향을 충족시키기에 바쁘다. 북 퍼스트(Book 1st)는 60만 권의 다양한 책을 갖추고 책읽기가 퇴조하고 있는 이 시대에 책을 사는 것이 단순히 공부를 위한 것이 아니라, 미락 성향의 오락(entertainments)을 충족시킨다는 모토를 간판으로 내걸고 새 문화를 만들어가고 있다.

파르코(Parco) 시리즈의 백화점은 상품 진열에서부터 쇼핑의 즐거움을 주기 위해 힘쓴다. 보통 매장에서는 상품을 벽 쪽으로 붙여 전시하지만, '파르코 2'는 상품을 사방에서 바라볼 수 있게 중앙에 설치해놓았다. 조명도 창의적이고 색다르다.

원오나인2(One-Oh-Nine 2)에 가면 정말 10대와 20대 초반의 젊은이들이 원하는, 기상천외한 갖가지 장신구와 의류가 잘 갖춰져 있다.

특이한 소품을 파는 웨이크 업(Wake Up), 웨딩드레스를 파는 드레스 블랙(Dress Black) 등 어느 업체든 한결같이 개성 있는 문화를 만드는 데 초점을 맞추고 창조적 문화를 전시하고 싶어한다.

그러나 이들 시부야 기업은 문화에는 강하지만 아키하바라에 비해 벤처에는 약한 편이다.

그래서 이들은 벤처의 기술과 손잡기 시작했다. 2000년 들어 도큐 한즈도 벤처와 손을 잡고 대규모 가상상점가(假想商店街)인 '라쿠텐(樂天)시장'에 출점을 했다. 이 가상상점의 이름은 도큐 한즈 클럽(rakuten.co.jp/hands/)이다.

고급품으로 승부하던 신주쿠 미쓰코시(三越) 백화점 남관과 330년의 전통을 자랑하던 도큐 니혼바시점의 존폐가 거론되는 것도 수요층의 달라진 문화의 분기점이라고 할 수 있다.

개성·개방·미락이라는 크레비즈 시대의 수요성향을 이해하지 못하는 기업은 300년 이상의 전통에도 불구하고 견딜 수 없게 된 것이다. 크레비즈는 바로 이런 환경에서 싹을 틔우기 시작했다.

제3장

크레비즈 전략

1. 암호는 황금의 알

인터넷에는 쿠키(cookies)라는 작은 문자 파일이 있다. 크기가 4K바이트에 불과한 파일로, 하나씩 따로따로 떨어져 있는 HTML 웹페이지를 연결해주기 위해 만들어진 것이다.

예를 들어, 리모컨이 달린 전자레인지를 사기 위해 인터넷을 통해 쇼핑몰에 들어갔을 때 물건을 고른 뒤 장바구니에 담으려면 선택한 물건이 어떤 것인지 전달해야 한다.

이 때 전자레인지의 코드를 담은 쿠키가 만들어져 소비자의 컴퓨터에 잠시 저장되었다가 다시 다음 페이지로 연결될 수 있게 해준다.

그런데 이 쿠키가 인터넷에서 이처럼 중요한 일을 해주는 대신에 소비자의 프라이버시를 침해하는 주범이 되고 있다. 쿠키를 추적하면 소비자가 어떤 페이지에 들어가서 어떤 곳을 돌아다녔는지, 얼마나 머물렀는지 등을 모두 알 수 있기 때문이다. 인터넷을 어느 정도 이용하는 사람이라면 넷스케이프 디렉토리의 쿠키 파일을 열어보고는 스스로 놀랄 때가 많을 것이다.

이제 인터넷이 생활화되면서 자신도 모르는 사이에 자신의 비밀이 유출될 수 있는 조건이 갖춰진 셈이다.

앞으로는 자신의 비밀이 이같이 새어나가지 않도록 하려면 이를 잠글 수 있는 장치가 필요하다. 따라서 이를 잠글 수 있는 보안(security) 분야가 새로운 산업으로 부상하게 됐다. 보안을 위한 암호 분야가 황금 알을 낳는 사업으로 떠오르게 된 것이다.

《아라비안 나이트》에 나오는 얘기를 하나 예로 들어보자. 페르시아의 한 마을에 카심과 알리바바라는 형제가 살았다. 형 카심은 부잣집 딸과 결혼해 부유하게 살았다. 그러나 동생 알리바바는 돈보다 사랑을 선택하는 바람에 가난했다.

어느 날 알리바바는 산 속에 나무를 하러 갔다가 도둑떼가 달려오는 것을 보고 바위 뒤에 몸을 숨겼다. 그는 숨어서 도둑들의 동태를 살펴봤다. 바로 그 때 도둑의 두목이 커다란 바위 앞에서 큰소리로 외쳤다.

"열려라 참깨.(Open Sesame.)"

그러자 바위문이 스르르 열리고 도둑들이 그 안으로 들어갔다. 그들은 문 안에 들어서자 다시 소리쳤다.

"닫혀라 참깨."

그러자 문이 닫혔다. 이것을 눈여겨본 알리바바는 도둑들이 사라지자 자신도 바위 앞에 가서 "열려라 참깨"라고 외쳐봤다. 놀랍게도 문이 열렸다. 그는 동굴 안으로 들어가 도둑들이 훔쳐온 금은보화를 나귀에 가득 싣고 돌아왔다.

이 사실을 알아챈 형 카심도 동생에게 암호를 가르쳐달라고 윽박질러 동굴 안에 있는 귀중품들을 갖고 나오려다 암호를 잊어버리는 바람에 도둑들에게 잡혀 참살을 당했다.

《아라비안 나이트》에 나오는 이 얘기는 창조산업 시대에 그대로 적용되는 내용이다. 앞으로는 암호를 알면 금은보화를 다 차지할 수 있지만, 암호를 모르면 생명을 잃을 수도 있다.

암호를 모르면 불편함을 겪어야 하는 건 알고 있는 사실이지만, 무슨 목숨까지 잃겠느냐고 반문할지 모른다.

그러나 앞으로 활용되는 암호는 네트워크상에서의 암호뿐만이 아니다. 이미 우리는 유전자 속의 암호도 해독해내는 시대에 들어섰다. 백혈병에 걸린 환자도 이 암호를 해독해내면 치료가 가능해지기 때문이다.

창조화 사회에 들어서면서 개방화의 속도는 더욱 빨라졌고, 이에 따른 위험성을 줄이기 위해 암호가 더 필요해질 것이다.

사이버 공간에서 채팅을 하면서 성별을 속이는 정도는 귀엽게 봐줄 수 있을는지 모르지만, 전자상거래를 하거나 버추얼 공장을 운영하는 데 상대방이 거짓 정보를 내놓는다면 비즈니스는 엉망이 되고 말 것이다.

따라서 창조산업 시대에 접어들면서 암호의 용도는 급격히 늘

어나게 된다. 일단 암호가 활용될 수 있는 비즈니스 분야를 살펴
보면 다음과 같다.

1. 신원증명 : 거래상대의 확인, 주민등록 등
   본 전송 등
2. 버추얼 행위 증명 : 전자투표, 전자우편 계
   약, 멤버십 의견제시 등
3. 전자 머니 : IC카드, 인터넷 신용카드 등
4. 전자상거래 : 신용증명, 설비증명 등
5. 기밀보호 : 군사기밀 등에 대한 해킹 방지 등
6. 주택 보안 : 외부인 침입방지 등

크레비즈 시대에는 자신의 창조비밀, 컨셉, 특허 등을 도둑맞지
않으려는 노력이 급증한다. 컨셉이란 도둑을 맞고 나면 보상받기
가 어렵기 때문이다. 그래서 이들을 보호해주는 암호산업은 '황금
의 알'이 되지 않을 수가 없다.

현재 전세계에서 표준이 되고 있는 암호방식은 미국의 RSA데
이터 시큐러티가 개발한 'RSA암호'다. 이 암호방식은 앞으로 전
자화폐(e-money) 시대를 맞이하는 데 크게 이바지할 것으로 전
망되고 있다.

RSA사가 일본에 현지법인을 설립하자 소니, 샤프, 산와은행 등
12개 회사가 앞다퉈 출자를 한 것은, 앞으로 암호부문의 수요가

얼마나 팽창할지를 입증하는 사례다.

2000년 들어서자 마쓰시타전기, 히타치제작소, 후지쓰 등 전기 회사들도 암호를 제품화하기 시작했다. NEC는 최근에 해독하기 까다로운 'Y의 2차식=X의 5차식'을 개발하고 미국과 유럽에 특허를 신청했다.

이처럼 거대기업들이 앞다투어 참여하는 암호시장에 과연 한국의 중소기업들이 참여할 분야가 있을까? 전자상거래 분야 등에서 암호 소프트웨어를 개발하는 것은 중소기업으로서도 충분히 해낼 수 있는 분야다. 특히 홈 시큐러티(home security) 분야는 암호산업 가운데서도 틈새시장으로서 황금시장이라 할 수 있을 것이다.

크레비즈를 개발 중인 아이디어나 컨셉이 자신도 모르는 사이에 해킹을 당하지 않게 하기 위해서는 스스로도 암호를 개발해야 한다. 크레비즈 시대에는 '얼굴 없는 도둑'이 갈수록 늘어나기 때문이다.

이제 사이버 영상을 통해 '사이버 동창회'가 이뤄진다. 나아가 사이버 공간을 통한 모임은 동창회나 가족모임 등 혈연·학연 모임보다는 비슷한 문화를 나누고 싶어하는 사람들끼리 이루어지게 된다.

낚시동호회, 등산동호회, 미술동호회 등과 같이, 문화를 나누는 모임이 먼저 인기를 끌게 된다. 이어 이들 모임이 서로 정보교환의 차원을 넘어서 비즈니스로 이어지게 된다. 그래서 이들은 조합을 형성할 전망이다.

곧 버추얼 협동조합(virtual cooperatives)이 탄생하게 된다.

이들 조합원은 서로 암호를 통해 회원임을 알게 되고, 암호를 통해 신규사업의 결정 등을 투표(cyber vote)로 결정한다.

물론 협동조합의 회장과 임원도 암호를 통한 투표로써 선출된다. 암호가 없다면 아무런 비즈니스 행위도 어려워지는 시대가 다가오고 있다.

버추얼 시장의 암호보다 더 큰 시장은 바이오(bio) 암호시장이다. 바이오 암호시장이란 유전자의 암호를 해독하는 분야다. 인류가 유전자 정보를 몰라 겪는 난치병 등이 너무나 많기 때문에 이 분야의 정보해독은 요즘 세계적인 관심사로 떠올랐다.

이들 유전자 속에 들어 있는 암호가 완전히 해독되면 '비트의 시대'에서 '게놈의 시대'를 맞게 된다. 이른바 생체공학정보시대(bio information age)가 온다.

때문에 유전자 해석 분야에 일본 기업들도 본격적인 투자를 시작했다. 이들은 일본 내의 유전자관련 특허출원 가운데 60% 이상이 외국인이라는 데 크게 자극을 받았다. 스미토모 화학공업, 다이쇼(大正)제약, 주가이(中外)제약 등이 헤릭스 연구소에 대거 투자를 한 것이 이를 입증한다.

최근에는 소프트웨어 개발업체인 NTT소프트웨어가 유전자 기능 해석센터를 세웠을 정도다. NTT가 전액 투자한 바이오 인포매틱스센터는 오사카(大阪)대학 이화학연구소와 공동으로 유전자 데이터베이스를 설계하고 있다. 특히 이 센터는 앞으로 정보기술(IT) 분야에 사용할 수 있는 유전자해석 노하우를 축적할 방침이다.

유전자 해석 노하우를 IT분야에 적용하게 된다.

이미 미국에서도 마이크로소프트를 비롯해 인텔 등 컴퓨터 정보기술업체들이 유전자 정보사업에 참여했다. 휴렛팩커드도 유전자정보를 고속으로 해석하는 새로운 시스템 개발에 착수한 사실로 보아 이들의 움직임을 알 수 있다.

미국의 진 로직, 휴먼게놈 사이언스, 밀레니엄 파마슈티컬 등 유전자 정보관련 기업들이 급부상하고 있는 것도 같은 흐름이다. 드디어 바이오 암호시대가 현실로 다가온 것이다.

이 바이오 분야는 전세계의 내로라하는 거대 기업들이 참여하는 바람에 한국의 기업들은 끼여들 틈새가 없는 것처럼 보인다. 그러나 꼭 그렇지만은 않다.

이를 응용해 사람들의 수요를 창출하고 새로운 문화를 만들어낼 수 있는 분야에 투자하면 된다. 그것이 바로 크레비즈의 강점이기 때문이다. 바이오 부문에서 응용할 수 있는 사업은 다음과 같다.

1. 바이오 센서
2. 바이오 화장품
3. 인체에 해가 없는 바이오 농약
4. 기능성 감미료
5. 온실형 식물공장
6. 신경질환용 식품
7. 고령 기능성 식품
8. 분자설계 단백질 제재

2. 감각은 보물창고

일본에서 TV를 보면 한국과 두드러지게 다른 프로그램이 하나 있다. 바로 음식에 관한 것이다. 일본 TV들은 좀 과장을 하자면 절반 가까이가 조리를 하거나 음식을 먹으면서 즐기는 프로그램이다.

특히 낮에는 더 심하다. 생선요리에서부터 튀김요리에 이르기까지 갖가지 음식을 만들면서 맛보기에 바쁘다. 심지어 해외여행, 온천안내, 지역탐방 등에 관한 프로그램에서도 어김없이 음식을 맛보는 장면이 나온다.

그래서 일본말을 전혀 모르는 외국인이라도 TV를 보다 보면 '오이시이(맛있어)'라는 말은 배우게 마련이다. 그만큼 일본에서는 '맛' 이 커다란 문화를 형성하고 있다.

이런 곳에서는 당연히 맛의 문화를 비즈니스에 활용하면 대규모 수요를 창출할 수 있다. 특히 맛이란 아주 개성이 강한 감각이어서 크레비즈 시대에 적합한 부문이다.

일본인들은 음식을 가지런하고 아름답게 차려서 먹기 때문에 미락을 즐기는 크레비즈 성향에도 딱 맞아떨어진다.

사실 맛이란 사람이 몸으로 느끼는 감각 중 하나다. 그렇다면 한국 사람의 경우에는 일본인들이 혀를 통해 느끼는 것과 같은 부분이 어느 곳일까? 시각인가, 미각인가, 청각인가? 필자의 생각으로는 촉각이 아닌가 한다.

한국 사람들의 감각은 손끝에 있다고 생각한다. 한국 사람들은 처음 만났을 때 꼭 악수를 한다. 누가 좋은 옷을 입고 나오면 꼭 그 옷을 손으로 만져본다. 그래야 친근감을 느낀다.

한국은 동성끼리 손을 잡고 다녀도 흠이 되지 않는 나라다. 간곡히 기원할 때는 손으로 빈다.

작품에 손 대지 말라고 수없이 붙여놔도 만져봐야 직성이 풀린다. 조금 부정적인 얘기이긴 하지만 세계 어느 술집에서도 한국 남자들처럼 여자 파트너를 손으로 자꾸 만지려는 사람은 없다고 한다.

한국 어린이들에게 찰흙 놀이를 한번 시켜보라. 얼마나 신나게 노는지.

한마디로 한국 사람들은 손에 기가 몰려 있다.

청주(淸州)에 있는 마그네틱 부품을 만드는 자화전자에서 한때 낚시찌에 센서를 달아 고기가 물면 불이 켜지는 제품을 상품화한 적이 있었다. 이 센서 찌는 야간에도 낚시질하기가 편해 일본인들에게 인기가 높아 수출도 많이 했다.

그러나 한국에서는 처음에 조금 팔리다가 얼마 지나지 않아 더 이상 팔리지 않았다. 고기가 물었을 때 손끝에 와 닿는 맛이 없다면서 사가지 않았다는 것이다.

한국 사람들 중 세계적인 야구선수나 골프선수가 많은 것도 이와 맥을 같이하는 것 같다. 따라서 한국에서는 손으로 느끼는 문화를 상품화하면 뜨는 상품을 내놓을 수 있을 것이다.

꼭 손만 그런 것은 아니다. 사람의 몸 중에는 감각을 느낄 수 있는 기관이 여러 가지 있다. 눈은 보고, 귀는 듣고, 코는 냄새를 맡는다. 이들의 기능을 더욱 확장시켜주면 더 큰 즐거움을 얻을 수 있다.

이 몸의 감각은 기능별로 전혀 다른 문화를 갖고 있다. 그림을 감상하는 즐거움, 음악을 듣는 즐거움, 노래를 부르는 즐거움처럼 각각 다른 문화를 지녔다.

멀티미디어는 이런 즐거움을 통합해버렸지만 크레비즈 시대에는 이런 기능을 각각 확장시키는 방향으로 진전된다. 더 전문화되는 성향을 나타낸다는 것이다.

1. 눈=적외선 제품, 정밀화면 TV, 정밀 카메라, 얇은 렌즈 안경, 휴대용 내비게이터 등
2. 코=공해방지 센서, 맑은 공기제품, 자연산 향수, 식용 향료 등
3. 입=휴대용 가라오케, 무공해 음식점, 자동 음성번역기, 음성문자 전환 등
4. 발=장애자 및 노인용 전지차, 무소음 전기차 등

여기에서는 일부 품목만 소개했지만 각자 자신이 갖고 있는 특기와 경험, 기술을 기초로 생각하면 수많은 신수요를 창출할 수 있는 크레비즈 제품을 만들어낼 수 있다. 때문에 신체의 기능을 확장하는 상품과 서비스는 확실한 검증을 거쳐 고혈압, 당뇨, 심장병, 피로누적, 위장병, 간기능이상 등 질환의 이름을 분명히 밝혀야 설득력이 있다.

크레비즈 시대에 접어들면서 나타나는 현상으로서 약물을 이용한 건강회복은 퇴조하는 반면, 즐겁게 놀면서 건강을 지키는 상품이 부상한다. 그래서 헬스 클럽이나 방 안에서 땀을 빼며 운동하는 기구보다 야외로 나가서 직접 즐길 수 있는 아웃도어 상품이 잘 팔린다.

자신의 캐릭터를 강조한다는 면에서도 건강을 상징하는 품목들이 새로운 수요를 창출해낸다. 어깨가 넓어보이는 재킷, 가슴이 커보이는 브래지어, 가벼우면서 굽이 높은 구두 등은 언제나 패션을 창출할 수 있는 잠재력을 지닌 것으로 전문가들은 분석한다.

우리는 한 제품의 기능에 대해 고정적인 관념을 많이 갖고 있다. 식품, 음료, 화장품, 술 등은 감각적인 상품으로 생각하지만 자동차는 빨리 가야 하는 기능적인 기구로만 생각한다. 알고 보면 그렇지 않다.

고급 자동차를 타면 왜 즐거워지는가? 물론 주행시의 탄력성과 안정감에도 그 요인이 있지만 엔진 소리, 바람이 마주치는 소리, 배기음, 카오디오의 음향, 타이어의 마찰음 등이 안온하기 때문에 즐거움을 느낀다.

1. 자동차의 생명은 바로 '소리'에 있다.
2. 알고 보면 자동차는 '귀'를 즐겁게 하는 상품이다.

이처럼 현재 우리가 활용하고 있는 제품도 감각을 만족시켜준다는 점을 강조하면 부가가치가 엄청나게 커진다.

사람들이 보통 귀찮아하는 일들이 있다. 밥짓기, 빨래, 화장실 가기 등 내키지 않을 때가 많다. 이런 일들을 자세히 분석해보면 답이 나온다. 사람의 감각을 괴롭히는 것이기 때문이다.

나쁜 냄새, 어둠, 살풍경, 추위, 더위, 수치심, 고통, 협소함 등
이 사람의 감각을 괴롭힌다. 이런 것들을 해소해주는 크레비즈는
수없이 많다. 이런 비즈니스는 앞으로 성공할 수밖에 없다.

3. 문화효용을 이용하자

한 상품의 가치는 그 품목의 실질적인 효용에 따라 결정된다. 그러나 크레비즈 시대에는 실질적 효용보다 문화적 효용의 가치가 더 높아질 수 있다.

예를 들어보자. 청자(靑磁)를 무척 좋아하는 사람이 있다. 그래서 그는 잘 생긴 청자를 보면 사지 않고선 못 배긴다. 청자 가운데서도 특히 청자 주전자를 가장 좋아한다. 그래서 틈만 나면 청자 주전자를 사 모은다.

현재 그의 책장 위에 놓여 있는 청자 주전자들은 실질 효용으로서는 거의 값어치가 없다. 그 주전자로 차나 술을 따라 마신 일이 단 한번도 없기 때문이다. 그것들은 실질적인 효용 측면에서 본다면 스테인리스 주전자보다도 훨씬 못하다.

하지만 이 상품이 아무런 효용이 없는 것은 아니다. 왜냐하면 이 도자기는 곡선미와 조형미가 너무 빼어나 보는 이를 즐겁게 해주기 때문이다.

이 청자 주전자는 실질 효용을 측정하는 경제법칙으로는 설명해내기 어렵다. 그러나 문화적 효용이라는 준거틀로 보면 쉽게 설명할 수 있다.

앞으로는 이 청자 주전자와 같은 문화적 효용을 가진 상품들이 더 많은 부가가치를 창출하게 된다.

이제 '스테인리스 주전자' 보다 '청자 주전자' 가 뜬다.

앞으로 크레비즈 창업을 하려는 사람이 있다면 '스테인리스 주전자' 보다 '청자 주전자' 를 만들어야 하는 것은 당연하다.

청자 주전자보다 더 나은 것은 청자 피리다. 청자 피리는 대나무 피리보다 만들기가 힘들는지 모른다. 그러나 악기의 기능까지 인정받는다면 문화효용이 부가가치를 훨씬 더 높여줄 것이다.

새로운 크레비즈를 개발하고 싶을 때는 먼저 자신이 갖고 있는 개성이 어떤 것인지를 파악하는 것이 좋다. 자기가 가장 좋아하는 분야, 경험이 있는 분야, 재능을 갖춘 서비스 등이 무엇인지 곰곰이 생각해보는 것이 바람직하다.

크레비즈 시대에는 개성이 없는 사업은 망하기 쉽다. 문화가 없
는 비즈니스는 견뎌내지 못한다.

성격(personality) 없는 사람이 없듯이, 자신만의 개성이 없는
사람은 없다. 다만, 그 개성의 강도가 문제일 따름이다. 자신의 경
험과 개성만 제대로 파악한다면 크레비즈 창업은 이미 절반의 성
공을 거둔 셈이라고 할 수 있다.

일본 니가타(新潟)에 있는 주식회사 오슈포도재배의 오치키 이
치로(落希一郎) 사장은 자신의 개성을 잘 살려 창업한 기업인이
다. 그는 남다른 컨셉트로 사업을 시작했다. 이른바 분업화에 완
전히 역행한 것이다.

분업화는커녕 1차 산업, 2차 산업, 3차 산업을 모두 한자리에서
하는 원시산업 형태로 사업을 시작했다. 1차 산업만 하면 농업,
즉 애그리컬처(agriculture)가 된다. 그러나 그는 애그리컬처를 애
그리비즈(agribiz)로 승화시켰다.

그가 이런 비즈니스를 생각한 것은 자신만의 개성과 문화를 한
번 실현해보고 싶어서였다.

젊은 시절 독일에서 와인(wine)학교를 다닌 적이 있는 그는 그
때의 경험을 살려 '일본에서 최고의 와인을 만들어보자'는 것이
꿈이었다. 보통 사람들이라면 좋은 포도주를 만들기 위해 발효기
술 개발에 착수했을 것이다. 그러나 그는 와인에 적합한 포도를
재배하는 일부터 출발했다.

일단 그는 포도재배에 적합한 토양을 찾아나섰다. 그래서 일본에
서 가장 포도생산에 적합한 곳으로 니가타를 선택했다. 이 곳은 모

래땅으로 물이 잘 빠졌다. 여름에는 더웠고 강우량도 알맞았다. 겨울에는 바다에서 불어오는 바람을 산이 막아주어 적설량도 좋았다.

그는 20ha 면적에 포도 6만 그루를 심었다. 그러나 와인을 생산하고 판매하기에는 돈이 모자랐다.

니가타는 본래 일본주(日本酒) 생산지로 유명한 곳이어서 일본주 생산업체 사장들에게 자신의 계획을 설명하고 투자를 요청했다. 예상 외로 투자하겠다는 사람이 많았다.

이렇게 모은 돈 1억 6,000만 엔으로 그는 회사를 설립하고 △포도재배(1차 산업), △와인 생산(2차 산업), △와인 판매 및 레스토랑 운영(3차 산업)을 한자리에서 하는 기업인이 됐다.

이 회사가 급격히 성장할 수 있었던 것은 '포도나무 소유주 제도' 덕분이기도 했다. 이 제도는 1만 엔을 투자하면 포도나무 한 그루를 직접 투자자가 가질 수 있도록 해주는 것이다.

이 제도가 자연을 그리워하고 와인을 사랑하는 문화를 지닌 사람들을 부추겼다. 자기가 소유한 포도나무에서 딴 포도로 담근 포도주를 즐기는 맛은 실질가치보다 문화적 효용이 높은 것이었다. 개성과 미락추구 등 크레비즈 시대의 수요성향을 만족시켜주는 전략이었다. 레스토랑에서 와인을 마시면서 포도원을 구경하는 것도 문화적 효용을 더욱 높여주었다.

문화효용을 자극한 것이 성공의 열쇠였다.

덕분에 이 포도나무 소유주 제도에 참가한 비노 클럽(vino club) 회원은 이미 2,000명을 넘어섰다고 한다.

크레비즈 시대에는 이처럼 문화적 효용을 상품화해야 부가가치를 높일 수 있다.

문화적 효용을 높일 수 있는 아이템은 누구나 자신의 성격 속에 숨어 있다. 따라서 남들이 조언해주기 이전에 자신의 개성을 살려 창업을 하는 것이 바람직하다. 자신이 진정 하고 싶었던 일을 비즈니스화하면 일에 성의를 다하게 되고 높지 않은 이윤에도 행복감이 커진다.

게임 소프트웨어, 애완용 동물, 디자인 설계, 의복류, 액세서리, 가방, 농산물 생산 등 문화적 효용이 높은 아이템은 수없이 많다. 스스로 자신의 경험과 취향을 살펴본 뒤 문화적 효용이 높은 크레비즈를 개발하자.

4. 사랑이 돈을 벌어준다

진짜 창조적인 전략은 지금까지의 전략을 포기하는 것이다. 역으로 지금까지 전략이 아니었던 분야를 비즈니스에 끌어들이는 것이기도 하다.

따라서 창조산업인 크레비즈는 추상적 관념까지도 상품화할 수 있다. 우리가 잘 쓰는 추상용어 가운데 행동을 제약하거나 촉진시켜주는 단어들을 생각해보자.

사랑, 지위, 윤리…. 이런 것들은 상품의 개발이나 컨셉의 창조에 그다지 영향을 미치지 않을 것처럼 보인다. 그러나 크레비즈 시대에 접어들면서 이런 단어가 직접적으로 상품을 창조할 수 있게 만들어준다.

발렌타인 데이라는 것이 있다. 매년 2월 14일이다. 이는 유럽에서 여성들이 남성에게 사랑을 고백할 수 있게끔 1년에 하루를 정해놓은 것이었다.

그런데 일본의 초콜릿 회사들은 여자가 사랑하는 남자에게 초콜릿을 주는 날로 그 의미를 바꿔버렸다. 이어 맞이하는 화이트 데이는 남자가 여자에게 사탕을 선물하는 날로 바뀌었다. 한국에서는 자장면을 먹는 블랙 데이도 생겼다.

정말 속이 들여다보이는 상혼의 장난 같지만 이런 문화의 변화는 크레비즈 시대에는 수없이 일어날 수 있다.

따라서 사회적 지위라는 추상적인 문화에까지 상품을 포지셔닝할 수 있다. 보통 중소기업 사장이라면 가장 상징적으로 그랜저 승용차를 타고 다닌다. 이런 것은 문화보다는 소유 수준을 상품화한 것이다.

이에 비해 도요타의 승용 · 레저 혼합 경차(輕車)인 펀카고(Fun Car Go)는 미락적인 문화를 상품화한 것이다.

사회적 지위(social status)를 상품화하자.

창조화 사회가 진전되면서 사회적 지위는 수직적인 높낮이보다 수평적으로 분류되는 경향으로 나아가게 된다. 값비싼 물건이 아니더라도 그 사람의 지위나 직업을 나타내도록 만들어낼 수 있다.

일례로 대학원생용 가방을 만들어보자. 이제 대학원 중심의 대학이 늘어나는 등 대학원생의 수가 부쩍 늘어나는 추세다. 그럼에도 불구하고 아직까지 이들에게 눈높이를 맞춘 제품은 나온 적이 없다.

대학원생들은 나름대로 지위를 갖추고 있기 때문에 충분히 세분화를 할 수 있다. 따라서 이들을 상징하는 가방은 잘 팔릴 수도 있다. 의사용 안경은 어떤가? 의사용 안경이라고 기능 면에서 의사가 사용하기에 편리해야 하는 측면도 있어야 하겠지만, 의사의 캐릭터를 반영한다면 더 성공을 거둘 것이다.

넥타이·양복·구두 등 자신의 개성을 창출할 수 있는 상품은 한결같이 사회적 지위를 상품개발 컨셉에 적용할 수 있는 것이다.

누구나 한번쯤 사랑을 고백하고 싶을 때 어떤 것을 선물해야 할지 망설인 경험이 있을 것이다. 이 사실 하나만으로도 사랑이란 대단한 수요력을 잠재하고 있음을 알게 된다.

사랑이란 엄청난 수요를 지닌 포텐셜리티다.

이 사랑이란 잠재력을 실질 수요로 끌어들이기 위해서는 크레비즈 전략이 필요하다. 왜냐하면 사랑이란 테크놀로지가 아니라 문화에 속하는 분야이기 때문이다.

드 비어스의 다이아몬드 광고를 보라. 다이아몬드를 사랑의 상징으로 만들기 위해 안간힘을 다하고 있지 않은가?

그러나 비싸지 않은 물건도 발렌타인 데이의 초콜릿처럼 사랑의 상징으로 바꿔놓을 수 있다. 만년필·와인·목걸이·시계 등을 특정한 문화를 만들어내는 방식으로 상품화하면 부가가치를 크게 높일 수 있다.

우리는 윤리라면 일단 금욕적인 것으로 판단해 우리의 생활과 수요를 억제하는 것으로 받아들이기 쉽다. 그렇지 않다. 윤리도 수요를 촉진할 수 있다는 것이 크레비즈 컨셉이다.

십자가 시계나 십자가 머리핀은 기독교 윤리를 강조하는 사람들에게 수요를 불러일으킬 수 있기 때문이다.

윤리도 돈을 벌어준다.

동물보호를 강조하는 윤리는 대체품의 수요를 부추긴다. 모든 상품이 성개방과 불륜, 그리고 자유연애를 재촉하며 상품판매에 나설 때 고고하게 윤리나 끊임없는 부부애를 강조하는 아이템은 수요자들로 하여금 떳떳이 선택할 수 있게 한다.

아무리 부끄러움을 타지 않는 사람도 섹스 관련 물품을 살 때면 부자유스러워진다. 그러나 윤리 상품은 나보란 듯이 마음놓고 살 수도 있고 가족 단위 등 그룹 쇼핑을 할 수 있게 해준다. 독일을 여행해본 사람이면 한결같이 헨켈의 쌍둥이 칼을 산다.

이는 지니고 다니기에 무척 불편한 상품인데도 불구하고 가족 상품이어서 너나없이 고르기에 바쁘다. 성관련 물품도 가족에게 선물할 수 있도록 만들어보자. 자신의 자식에게 피임 기구를 사주

는 부모가 곳곳에서 생겨날 수 있다. 윤리는 수요를 억제하는 것
이 아니라 촉진할 수 있다.

5. 식욕 돋는 오렌지색

지금 일본에서 젊은이들 사이에 유행하는 색은 핑크다. 도쿄의 시부야나 하라주쿠에 가보면 무늬가 있는 분홍색 치마나 분홍색 티셔츠 등을 입고 다니는 사람들이 많이 눈에 띈다.

이 핑크 무드를 두고 경제계가 무척 반가워한다. 그 이유는 일본에서 핑크색이 유행할 때마다 경기가 급상승했기 때문이라는 것이다.

지금까지 핑크색이 대유행한 것은 1949년 전후 특수기, 1962년 올림픽 특수, 1985년 버블(bubble)기 등 세 차례 있었다고 한다. 이처럼 유행색은 경기를 진단하는 기능까지 가졌다.

해마다 그 해의 유행색이 나온다. 그래서 의류·인테리어·화장품·자동차 등을 생산하는 기업은 그 해에 유행할 색을 예측하는 데 많은 투자를 한다.

사단법인 일본유행색협회(JFCA, jafca.org)는 다가올 유행 색상을 2년 전에 예측해 회원들에게 정보를 제공한다. 이를 활용하면 적은 돈으로 유행색을 예측할 수 있어 편리하다.

그러나 색깔이 유행을 타지 않는 경우도 많다. 지역과 민족에 따라 좋아하는 색깔이 다르기 때문이다. 색깔은 그 지역, 민족의 특성을 상징하기도 한다.

아랍 계열의 사람들은 초록색을 숭배한다. 남미 사람들은 초록색에 대해 한국 사람들이 핑크색에서 느끼는 것과 비슷하게 환상적인 느낌을 갖는다고 한다.

홍콩의 거리를 한번 걸어보라. 온통 진홍색으로 장식된 건물과 실내장식을 흔히 볼 수 있다. 홍콩만 그런 것이 아니다. 베이징, 타이페이 등 중국의 도시는 다 마찬가지다. 그만큼 중국인들은 붉은색에 호감을 느낀다.

결혼식장에 가보면 신부가 입장을 하는 통로에는 어김없이 진홍색 카펫이 깔려 있다. 여러 가지 색깔 중에서 시간이 가장 천천히 흐르는 느낌을 주는 것이 빨강과 주황, 갈색이기 때문이다.

이런 색깔의 벽지나 커튼으로 장식한 방 안에 앉아 있으면 '1시간은 지났겠구나' 생각하며 시계를 쳐다보면 40분밖에 지나지 않았음을 알게 된다. 사실 결혼식장에서 신부가 입장하는 시간은 무척 짧다. 그럼에도 진홍색 카펫이 신부에게는 그 시간을 참 길게 느끼도록 해준다.

이에 비해 녹색과 청색은 시간을 짧게 느끼게 해준다. '시간이 금방 지나갔네'라는 느낌이 들게 한다. '1시간은 지나갔겠지'라는 느낌이 들면 이미 1시간 30분이 지나가버린다는 얘기다.

색깔은 시간을 제어하는 기능을 가졌다.

그렇다면 사람들이 많이 드나드는 찻집이라면 어떤 색깔로 실내를 장식해야 할까?

그야 당연히 붉은색 감이 드는 장식을 많이 이용하는 것이 좋다. 그래야 30분 앉아 있다 가면서도 푹 쉬다 가는 것으로 생각하기 때문이다.

그래야 좌석의 회전율도 높일 수 있고 매출도 늘릴 수 있다. 세계적으로 유명한 이탈리아의 커피 전문점인 세가프레도는 어딜 가나 사람들이 많이 붐비는데, 이 집은 거의 빨강색을 주조(主潮)로 해서 실내외를 장식해놨다.

그러면 단순노동을 많이 해야 하는 공장 안에는 어떤 색깔이 좋을까? 말할 것도 없이 청색과 녹색을 선택하는 것이 바람직하다. 그래야 시간이 지루하게 느껴지지 않는다. 요즘 공장바닥을 초록색으로 칠하는 제조업체들이 늘어나는 것도 이를 감안한 조치다.

색깔이 체감온도를 제어한다는 사실은 잘 알려져 있는 사실이다. 연한 청색 계통 등 차가운 색깔을 실내에 칠하면 3℃ 정도 춥게 느껴진다. 때문에 주물공장이나 다이캐스팅 업체, 강화유리업

체 등 공장 안이 무더운 업종은 차가운 색을 칠하는 것이 바람직
하다.

　놀랍게도 색깔은 눈으로만 느끼는 것이 아니다. 피부와 근육도
색깔을 알아차린다.

색깔에 따라 근육이 반응하는 척도를
'라이트 토너스' 라고 한다.

　파랑의 라이트 토너스는 24, 녹색은 28인데, 이런 색깔은 근육
을 이완시켜주는 역할을 한다. 이에 비해 주황은 35, 빨강은 42로
근육을 긴장하게 해준다.

　여기에서 더 재미있는 사실은 사람의 식욕도 색의 영향을 받는
다는 사실이다. 라이트 토너스가 비교적 높은 색깔일수록 식욕을
돋운다.

식욕을 가장 높여주는 색깔은 오렌지색이다.

　그렇다면 식욕을 높여줘야 할 식당 등에서 라이트 토너스가 매
우 낮은 색을 칠한다면 매출이 줄어들 수밖에 없을 것이다. 반대
로 식욕을 높여주는 색깔로 바꾸면 매출이 2.5배까지 증가할 수
있다고 일본의 색채 전문가들은 지적한다.

이제 색깔은 한 사람의 개성이자 한 기업의 이미지다. 기업들이 기업 이미지 통합(CI)작업을 하면서 자신의 기업을 대표하는 색깔을 선택하고 있다. 색깔은 이제 모든 사람들의 문화가 돼버린 것이다.

색깔이 그 사람의 성격을 잘 나타내는 것이라면, 학교에서 공부를 잘 하는 학생들이 즐겨입는 옷의 색깔은 무엇일까?

공부를 잘 하는 학생은 베이지색 옷을 즐겨 입는다.

이 사실은 미국 펜실베이니아 대학의 색채연구팀이 분석해낸 것이다.

베이지색 옷을 입은 학생은 성적이 우수한 반면, 지나치게 어두운 색이나 원색 옷을 즐겨입는 학생은 성적이 좋지 않은 것으로 나타났다.

베이지색 옷을 입은 학생이 공부를 잘 하는 것은 이 색깔이 마음을 차분하게 해주기 때문이라고 한다. 그러나 어두운 색이나 원색의 옷을 입는 학생이 창조성에서는 더 뛰어난 것으로 분석됐다.

이처럼 색깔은 사람의 개성을 상징하는 것이면서 패션을 창조하는 것이기도 하다. 따라서 색을 이용해 크레비즈를 창출하는 방법은 두 가지 방향으로 모색할 수 있다.

**첫째, 기능에 맞는 색깔로 사람을
끌어들이는 방법이 있다.
둘째, 색깔로 문화를 창출해서
패션화하는 방법이다.
셋째, 그 지역 문화에 맞는 색깔의
상품을 공급하는 것이다.**

그 지역에 맞는 색깔을 공급하기 위해서는 어느 정도의 시장조사가 필요하다. 그 곳의 문화와 특유의 색채를 가려내야 하기 때문이다. 그 지역의 선호 색을 가려내어 그 색상으로 공략을 하면 매출액이 훨씬 향상될 것이다.

우리나라도 지역에 따라 좋아하는 색이 틀리다고 한다. 건축용 페인트를 전문으로 공급하는 회사에 따르면 각 지방에 따라 선호하는 색이 차이가 난다는 것이다. 이는 각 지방에 따라 선호하는 지붕의 색이 다르기 때문이라고 한다. 충청, 경기지역은 오렌지색이 잘 팔린다고 한다. 이에 비해 호남지방은 파랑색, 영남지방은 초록과 빨강색이 잘 팔린다고 한다.

지역에 따라서도 색채 선택을 잘 해야 하지만 상품에 따라서도 색 선택이 갈수록 중요해지고 있다. 보통 사람들이 가장 기피하는 색은 '레몬 옐로(lemon yellow)' 라고 한다. 이 색을 아기 방에 칠하면 아기가 자주 운다고 한다.

　그러나 레몬 옐로를 반항(反抗)하는 문화를 상징하는 제품으로 만들어내면 오히려 대성공을 거둘 수도 있다는 것이 전문가들의 견해다. 색채를 파악해서 마케팅에 응용하는 것은 크레비즈의 기초라고 할 수 있다.

6. 호황 누리는 홈 비즈니스

맨손으로 시작한다
밑천이 적게 든다
실버 웹 분야에서 물색하자

도쿄에 사는 마키노 지로(牧野二郎)는 사이버 변호사다. 전자
우편을 통해 법률을 상담해주기 때문이다. 교통사고, 위자료 신청
등에 대해 전자우편으로 상세히 상담을 해준다. 상담내용의 길이
는 400자 이내로 건당 1,500엔을 받는다. 일본에는 요즘 이런 사
이버 법률사무소가 늘어나고 있다.

아키다(秋田)법률사무소(akita-lo.gr.jp)는 A5용지에 다섯 매
이내 분량의 상담을 해준다. 입금을 확인한 뒤 5일 이내에 회신을
해준다. 요금은 4,500엔이다.

신긴자(新銀座)법률사무소(shinginza.com)도 이와 비슷한 사
이버 변호업무를 맡고 있다. 이 곳은 간단한 건은 무료로 상담해

주고 본격적인 변호상담은 1만 500엔을 받는다.

기존의 지식정보 제공 사무소들이 사이버화하는 분야는 변호 업무에만 그치지 않는다. 건축사, 법무사, 공인회계사, 세무사, 증권 애널리스트 등 너무나 다양해지고 있다. 특히 이들은 그 동안 하나의 사무소에 여러 명이 서로 도우면서 업무를 추진해왔으나, 최근에는 소규모 사업(SoHo)화하는 경향을 띠기 시작했다.

비즈니스 간의 거래(B2B)가 추구하는 버추얼화도 SoHo 분야의 창업을 부채질하고 있다.

요즘 이 SoHo 분야에서 가장 두각을 나타내고 있는 것은 웹 부문이다. 웹 분야에서는 크게 다섯 가지 비즈니스가 생겨났다. 웹 디렉팅(web directing), 웹 테크니컬, 웹 디자인, 웹 프로그래밍, 웹 비디오 디렉팅 등이다.

이 중에서 인기 있는 것이 웹 디자인이다. 이는 인터넷 홈페이지를 디자인하고 웹 사이트를 구축하는 업무다. 식당, 전문의사, 변호사, 학원, 개인사업자 등도 홈페이지를 갖출 정도로 사이트 구축이 보편화되는 추세여서 웹 디자인은 갈수록 인기가 높아지고 있다.

이는 산업 디자인, 시각 디자인, 공예 등 디자인 관련 전공자들이 진출하기에 적합한 분야다. 웹 디자인은 한 페이지에 30킬로바이트라는 정해진 용량 안에서 디자인해야 하고 간결하고 편리하게 만들어야 하는 것이 생명이다. 따라서 하이퍼 텍스트 마크업 랭귀지(HTML), 익스탠디드 마크업 랭귀지(XML), 자바(Java) 등 프로그래밍 언어와 다이내믹 HTML 플래시 가상현실(VR) 등

최신 그래픽 기법을 알면 편하다.

게임 분야도 여러 가지 뉴 비즈니스를 창출하기 시작했다. 게임 디자인, 캐릭터 디자인, 게임 디렉팅, 게임 프로그래밍, 게임 사운드 프로그래밍, 게임 시나리오 등이다. 이들 중 우리나라가 가장 취약한 분야로는 게임 시나리오 부문이 꼽힌다. 일본에 수출된 우리나라 게임을 보면 스토리 면에서 충실하지 못한 것이 자주 발견된다.

최근 일본에서는 65세 이상된 노인들을 위한 개호보험(介護保險)이 실시되면서 이 분야에서도 여러 가지 뉴 비즈니스가 창출되고 있다. 미국의 〈유에스 뉴스 & 월드 리포트〉지는 최근 실버 분야에서 노인문제 카운셀러가 생겨나고 노인병 전문 영양사도 등장하게 될 것으로 전망하고 있다.

또 조명·사진 등 가상 입체무대를 재현하는 사이버 무대 디자이너, 브로드밴드 전문설계사, 컴퓨터 부품, 화학물질 등의 재활용을 지도하는 리사이클러 등도 생겨날 것으로 전망했다.

이 밖에 스마트홈 테크니션(VTR, 컴퓨터 등 가정 네트워크 연결 및 수리), 네트 크리에이티브 디렉터(CD), 머니 리스크 매니저(환율변동 등 리스크 관리), 데이터 매퍼〔data mapper : 지리정보시스템(GIS)을 이용한 교통, 범죄단속〕 등이 새로 생겨날 것으로 보고 있다.

고객을 집중 지원할 수 있는 인텐시비스트(intensivist : 중환자 집중 치료, 관리 내과의), 가상업무 감독(재택 근무자를 인터넷으로 관리), 컴프시어지(compcierge : 호텔 고객에 대한 컴퓨터 서비스) 등의 비즈니스도 새로 나타날 것으로 예측하고 있다.

　이런 소규모 사업 분야에서 창업을 희망하는 사람들은 분야별 전문기관에 조언을 받는 것이 바람직하다. 일본에는 이런 분야에서 지원을 해주는 기관·기업·단체 등이 많이 있다.

1. SOHO ASIA(soho-asia.com) : 아시아와의 국제교류사업 지역 유치.

2. 일본텔레워크(japan-telework.or.jp) : 재택 근무자의 어드바이스 정보 제공.

3. @TOKYO(intace.ne.jp/HP/tokyo) : 소규모 사업정보.

4. 웹 디자이너 길드(works-sup.co.jp/guild) : 웹 디자인 노하우.

5. 일본SoHo협회(j-soho.gr.jp) : SoHo 종합 사이트.

6. SOHO'S(japan-net.ne.jp/~soho) : SoHo의 라이프스타일, 비즈니스 스타일.

7. 246커뮤니티(caravan.net/246c) : 전자(電子) 창업 정보교환.

8. 재택근무자서클(2s.biglobe.ne.jp/~assem) : 재택 근무자의 교류, 회원제 비영리 모임.

9. 일본 재택근무 커뮤니티(nifty.ne.jp/forum/fzaicom) : 재택 근무 정보.

제4장

크레비즈

매뉴얼

1. 국수엔 살찐 도미를 얹자

크레비즈의 패러다임을 경영에 도입해 실천키로 한 중소기업이 있다. 이 회사의 이름은 산요기기다.

이 업체는 도쿄에서 도카이도 산요신칸센(東海道 山陽新幹線) 히카리호를 타고 4시간 이상 가야 하는 오카야마켄 아사구치군에 있다. 오사카 이타미시(伊丹市)에 있다가 이 곳으로 이전을 했다.

야노 게이이치(矢野啓一) 사장은 아사구치군으로 이사를 오면서 회사를 완벽한 '창조형 기업'으로 만들기로 다짐했다. 그는 종업원 150명 정도의 중소기업에서 기술과장을 하다가 회사측이 리스트럭처링, 즉 구조조정을 위해 기술부를 폐지하자, 같은 부 직원 전원과 함께 사표를 내고 산요기기를 설립했다.

당시 이들이 가진 거라곤 제품을 설계할 수 있는 기술밖에 없었다. 돈이 없어서 공장을 지어 사업을 할 수는 없었다.

그래서 창업 멤버들은 상식을 깨는 컨셉으로 비즈니스를 시작했다. 공장 없이 첨단기술만으로 제조업을 영위하는 뉴 비즈니스를 창출해낸 것이다.

공장을 전혀 갖고 있지 않으면서도 장기간 제조업체를 유지한다는 것은 여간 힘든 일이 아님에도 불구하고 이들은 유압기기, 산업기계 등을 생산하는 무공장 제조업체로 출발했다. 제품을 창조해서 설계를 마친 뒤 공장을 가진 기업에 아웃소싱해서 품질과 성능만 검사하는 체제를 채택한 것이다.

특히 야노 사장은 이 회사를 업태의 특이성보다는 이념형적인 창조경영에 더 중점을 두기로 했다. 이 회사만의 문화, 이 업체만의 개성을 만들기로 한 것이다.

이 회사에 들어서면 사무실의 이름이 너무 생소하다. 심지어 사장실을 찾기도 어렵다. 사무실 이름이 남다르기 때문이다.

- 고동(考動, thinktation) 센터
- 창조실(創造室)
- 정조부(精調部)
- 플러스 룸(plus room)
- 창몽부(創夢部)
- 고보희광실(考報喜廣室)

고동센터는 지원부서로서 고동부·창몽부·고보희광실 등으로 구성되어 있다. 창조실은 보통회사의 기술개발실에 해당한다. 그러나 이 회사의 창조실은 시설보다 문화 조성에 더 신경을 썼다. 각자 칸막이를 해서 혼자 있는 시간을 가질 수 있게 하는 대신 어둡지 않도록 하기 위해 사무실 전면을 완전히 유리창으로 만들었다.

이 부서의 회의실 이름은 더욱 독특해서 창조적 냄새가 물씬 풍긴다. 뉴턴(Newton)이라고 붙여졌다. 또 이 부서에는 외부의 전화가 와도 받지 않을 수 있는 싱킹 룸(thinking room)도 있다.

정조부는 완성된 제품을 정성을 다해서 검사하는 곳이고, 플러스 룸은 회사에 도움이 되는 말을 마음놓고 할 수 있는 곳이다. 사장실은 플러스 룸 안에 있다.

창몽부는 총무부를 말한다. "자칫 매너리즘에 빠지기 쉬운 총무 업무도 창의적으로 하라는 뜻에서 이렇게 지었다"고 회사측은 설명한다. 고보희광실은 홍보실을 뜻하는 것이다.

이 회사 2층에 있는 화장실과 소회의실의 이름은 너무 창조를 강요하는 듯 보이기도 한다. 화장실에서 세수를 하고 거울을 보면 창(創)자가 보이도록 거울 뒷면에 글자를 붙여놨다. 소회의실도 A : 아르키메데스, B : 벨, C : 퀴리, D : 다빈치, E : 에디슨, F : 플레밍 등 창조적인 과학자들의 이름을 따서 지었다.

야노 사장은 "창조는 사람을 충분히 대우해주는 데서 시작된다"고 단언한다. 열악한 환경에서는 창조성이 발휘되지 않는다는 것이다. "창조성은 인간의 합리성에서 나오는 것이 아니라 감성에서 나오는 것이기 때문"이라고 한다.

그는 내부의 경영을 혁신하기에 앞서 시장변화를 먼저 체험해야 한다는 생각을 갖고 있다. 눈으로 보는 것을 통해 정보를 얻고 좋은 문화를 체험하지 않으면 창조의욕이 떨어진다고 생각한다. 따라서 좋은 문화를 많이 보도록 미국의 관련기업 등에 사원들을 자주 파견해 시장을 파악하도록 한다.

이처럼 창조성을 강조하고 있는 산요기기에서 매뉴얼 작성을 의무화하고 있는 것은 참 이상한 일이다. 이 회사의 사원들은 업무에 관한 사항을 100개 이상의 매뉴얼로 만들어야 한다.

여기에서 매뉴얼이란 업무요령 및 지침 등을 말한다. 문서작성, 사전교섭, 해외여행, 지옥훈련, 안전관리, 고객접대 등 다양한 업무에 대해 절차와 요령을 작성해야 한다.

누가 보더라도 매뉴얼을 만드는 일은 '창조'와는 상반된 관료적인 일로 보인다. 매뉴얼을 만들다 보면 '틀에 맞춘 매뉴얼형 인간을 만드는 것이 아닌가' 라는 의문이 생긴다.

그러나 야노 사장은 매뉴얼을 만들다 보면 그렇지 않다는 결론이 나온다고 설명한다. 자신의 업무를 제대로 알지 못하면 경험을 문장으로 만들 수가 없다는 것이다. 경험을 문장으로 쓰다 보면 자신의 노하우가 무엇인지 분명해진다고 한다.

매뉴얼이 있으면 그것을 표준으로 삼아 더 나은 것을 추구하게 된다. 또 다른 사람이 작성한 매뉴얼을 폐쇄회로를 통해 검색해 봄으로써 선진국의 기업 현장경험 등 누적된 노하우 위로 한 단계 올라설 수 있다고 한다.

생산설비가 없는 제조업체이므로 컨셉의 축적이 자산이기 때문이다. 이 회사는 이 매뉴얼조차 합리화를 위한 것이 아니라 창조화를 위한 것으로 탈바꿈시켰다.

사내제안제도(社內提案制度)도 특색이 있다. 각자 업무에서 제안을 하게 하는 것이 아니라 매월 '자동차 부품개선' 등 별도의 제안을 모아 평가위원회가 점수를 매긴다. 누적점수를 그래프로 그려 공개하고 성적이 우수한 직원은 선발해 해외여행을 보내준다.

이 회사의 기업이념을 살펴보자.

1. 기업 형태 : 창조형 기업
2. 기업 이념 : 기쁨을 주자
3. 경영 방침 : creavation
    (=creation+innovation)
4. 주   장 : 회사는 사원이 사회에 기쁨을 줄 수 있는 기회를 제공한다. 이를 통해 각자의 행복을 창조한다.
5. 사   풍 : S·A·N·Y·O (sensibility, activity, number-one, young-power, originalility)

이 회사의 야노 사장은 직원들의 업무에 결코 일일이 간섭하지 않는다. 사원들이 회사를 창조하는 방법으로 이끌어간다. 사장이

게을러서 그런 건 아니다. 사장은 창조적 문화만 만들어주면 회사는 발전한다는 생각 때문이다.

그래서 사장은 사원의 생일날 사원의 가정으로 편지를 써보낸다. 사전에 윗사람이나 동료에게 그 사원의 장점만을 물어 그 내용을 편지로 쓴다. 창조는 단점에서 나오지 않는다는 것이 그의 신념이다.

이 회사는 경영 측면에서 창조혁명을 꿈꾸고 있다. 사원 개개인의 창조력을 존중해주고 있음에 틀림이 없다. 기술 측면에서도 무공장 제조업이라는 새로운 컨셉을 실천해냈다.

이미 전산화를 통해 거래기업들과 설계도를 버추얼 공간에서 토의할 수 있을 만큼 네트워크를 갖췄고, 인터넷을 통해 실시간으로 업무를 추진할 수 있는 버추얼화도 지향하고 있다. 유압기기 및 산업기계 분야에서 철저히 주문을 받아 제품을 만들기 때문에 다품종단품을 고수한다.

이 회사처럼 벤처(v)가 기술(t)의 수준에 따라 좌우되는 것이었다면, 크레비즈(c)는 기술(t)의 바탕 위에 경영(m)을 곱해 엄청난 승수효과를 가져다 준다.

1. V=f(t)에서
2. C=f(m · t)가 된다.

산요기기가 자리잡은 오카야마(岡山)에는 지금부터 300년 전인 1700년 당시 영주인 이케다(池田)가 14년 간에 걸쳐 창의적인 방법으로 세운 고라쿠엔(後樂園)이란 정원이 자리잡고 있다. 작은 동산과 잔디, 연못 등은 '일본식 정원'이라는 새로운 문화를 만들어낸 곳이다.

오카야마에서 이 정원보다 더 유명한 것은 도미 요리(料理)다. 타이멘(鯛麵)이란 이 요리는 그릇에 삶은 국수를 먼저 담은 뒤 그 위에다 봄에서 초여름까지 잡히는, 살 오른 도미를 통째로 구워 얹은 것이다. 전혀 어울릴 것 같지 않은 두 가지 재료가 섞여서 독특한 맛을 창출해낸다.

1. 크레비즈＝벤처 ＋ 문화
2. 타이멘 ＝ 국수 ＋ 도미

타이멘은 특히 결혼식 피로연에 즐겨 내놓는다. 벤처와 문화의 결혼식에도 이 타이멘이 적격일 듯하다.

산요기기는 창조적 문화를 너무 억지로 만들어내려는 것이 흠이긴 하다. 그럼에도 산요기기가 타이멘을 창조해낸 방식으로 크레비즈 경영을 만들어낼 것을 기대해본다.

2. 컨셉 제너레이터 구하기

돈 없이 R&D에 투자한다
창조 매뉴얼, 이렇게 짜야 한다
컨셉 킬러를 막아라

일본 요코하마에 있는 튜브포밍은 금속관 가공 분야에서 연구개발 기업으로 유명하다.

첨단 소성가공기술로 연간 200여 건의 신제품을 창조해내는 뛰어난 중소기업이다. 하지만 이 회사는 연구개발(R&D) 부문에 그렇게 큰돈을 들이지 않는다.

**이 회사의 연구개발비 비중은 매출액의 0.1%
수준이다.**

이 정도의 연구개발비 비중은 한국의 중소기업 평균 연구개발비 비중보다 훨씬 낮다. 그럼에도 불구하고 뛰어난 기술들을 개발하고 있다. 어떻게 그것이 가능할까? 틀림없이 이 회사는 나름대로의 비결이 있을 것이다. 독특한 창조 매뉴얼을 가졌을 것이다. 이 회사의 독특한 비결은 알고 보니 대단한 것이 아니었다.

이 회사는 거래처로부터 주문을 받으면 즉시 신공법(新工法)을 제안하고 거래처에서 개발비를 받아 기술을 개발해주는 특이한 시스템을 운영한다.

기술력이 낮은 기업이 이런 시스템을 도입하기란 어려울 것이다. 그러나 튜브포밍은 개발성공률이 96%에 달해 위험부담이 없다고 한다.

이 기업은 조직을 운영하면서 과장(課長)에게 가장 많은 권한을 부여하고 있다. 이사나 부장 위주로 권한을 부여하면 창조적 컨셉이 중간에 차단되기 때문에 이런 경영기법을 도입했다. 매주 월요일 과장들은 과장끼리만 모이는 '과장 회의'에서 마음을 털어놓고 토론을 벌일 수 있도록 했다.

기술을 개발하면 이를 개발자 개인의 이름으로 특허로 출원하고 특허료는 개발사원에게 넘겨준다.

이런 매뉴얼이 사원들의 개발의욕을 자극해 이미 400건 이상의 특허를 출원하거나 획득했다. 이 회사의 창조 매뉴얼은 세 가지로 압축된다.

1. R&D 비용은 거래처로부터 받는다.
2. 과장에게 주요 권한을 과감히 부여한다.
3. 개발자의 개인 명의로 특허를 출원한다.

이처럼 큰돈을 들이지 않고서도 새로운 컨셉이나 신제품을 창조할 수 있는 길이 있다. 아직까지 R&D 분야에 투자할 자금이 충분하지 않은 한국의 중소기업 및 창업자들은 이 같은 매뉴얼이 큰 도움이 될 수 있다.

컨셉의 창조는 개인의 창조성과 이를 둘러싼 조직의 분위기에 따라 좌우된다. 아무리 창조성이 뛰어난 사람이라 하더라도 조직에 아이디어 킬러가 있다면 그의 창조력은 사라지고 만다. 창조과정을 둘러싼 인적 구성은 다음과 같다.

1. CG(concept generater)＝컨셉 창안자
2. CK(concept killer)＝안정지향이 강한 사람
3. CP(concept promoter)＝CK로부터 CG를
　　지켜주는 사람

기업에 따라 차이가 있지만 일반 회사조직에서 CG의 비중은 5%미만이다. 이에 비해 CK는 무려 85%선에 달한다. CP는

10%선이다.

보통 기업의 창조력을 높이는 프로그램을 보면 제안제도를 도입하는 등 CG의 비중을 높이는 데 초점을 둔다. 그러나 이것은 현명하지 않다. 낮은 투자비용으로 창조력을 높이려면 CP의 비중을 높이는 작업이 선행돼야 한다. 컨셉 창안자를 킬러로부터 보호해주고 창조적인 분위기를 살려나가는 것이 바람직하다.

한국창조성 개발학회의 임선하 회장은 조직 안에서 컨셉 킬러를 색출해내는 검사 매뉴얼을 만들어냈다. 컨셉 킬러는 다음과 같은 말을 한다고 제시한다.

1. 좋기는 한데 예산이 없어요.
2. 그건 바보 같은 생각입니다.
3. 전에 이미 해본 적이 있어요.
4. 아직 준비가 덜 돼 있는데요.
5. 다시 하기엔 너무 늦었습니다.
6. 다음에 하는 것이 좋겠습니다.
7. 너무 어려워서 할 수 없어요.
8. 그건 너무 이론적이네요.
9. 너무 현실과 동떨어지네요.
10. 그건 저와 다른 입장이군요.
11. 저는 그걸 좋아하지 않습니다.
12. 당신 얘기를 듣고 싶긴 한데 시간이 없어요.

13. 엄청난 노력이 필요할 텐데요.

14. 자, 어떻게 될지 기다려봅시다.

15. 그걸 연구하기 위해 위원회를 만드는 게
    좋겠어요.

16. 위원회 아래 소위원회도 만들어야죠.

17. 처음부터 해야 할 일을 목록으로 만들어
    보세요.

18. 당신이 제시하는 의견의 요점이 무엇입
    니까?

19. 다른 사람의 의견을 들어봅시다.

20. 사장님이 그걸 좋아하지 않을 텐데요.

구소련에서 한때 기술개발을 신속히 촉진하기 위해 창조 매뉴
얼을 개발해낸 적이 있다. 이 매뉴얼의 이름은 TRIZ다. 이는 40
개 아이디어 원리를 통해 기술을 개발할 수 있는 매뉴얼로서, 소
련이 서방에 패쇄된 상황에서도 군사기술을 활발히 개발해내는
데 공헌을 했다.

이 매뉴얼은 소련이 해체된 뒤에 미국으로 수출됐다. 미국의
GM, 포드, 인텔 등이 이를 도입했다. 이들 기업이 남다른 컨셉을
많이 개발해낸 것은 이 기법 도입에 힘입은 바가 크다고 할 수 있
다. 이 매뉴얼의 기초도 바로 CG를 대우해주자는 것이다.

3. 기업의 창조성 분석

종업원 평가방법 달라져야
얼마나 창조적인 기업인가
신용평가에 적용하자

《회사를 바꾼다》의 저자인 다구치 요시후미(田口佳史)는 21세기에 회사가 발전을 하려면 "이익 우선에서 창조 우선으로 전환해야 한다"고 역설했다. 사실 지금까지 기업들은 회사의 경영을 분석할 때 수익성에 가장 중점을 두었다. 그 다음으로는 성장성과 안정성을 분석했다.

아직까지 기업의 창조성을 분석하는 방식은 도입돼 있지 않다. 그런데 아이디어 파크의 대표이사이자 한국 크레비즈 포럼의 사무국장을 맡고 있는 양웅섭 사장이 최근 기업의 창조성을 분석하는 방법을 개발해냈다. 기업의 잠재능력과 성장 가능성을 분석해낼 수 있는 창조성 지표는 다음과 같다.

(1) 종업원 1인당 창조성

이는 종업원 한 사람이 어느 정도의 창조성을 가졌는지 분석해보는 지표다. 연간 종업원의 컨셉 및 아이디어 제안건수에 기업의 특허권 신청건수를 더해 종업원 수로 나누면 된다.

종업원의 개별 창조성을 북돋는 방안을 만들어낼 수 있다.

(2) 창조비용 대 매출액 비율

창조비용을 얼마나 썼는지를 가려내는 지표다. 이는 미래를 어느 정도 준비하는지 알 수 있는 것이다. 창조비용에 매출액을 나눠 백분율로 표시하면 된다.

창조비용은 창조제안관련 수당, 연구개발비, 창의제안관련 교육훈련비 등이다. 창조비용률이라고도 부른다.

(3) 창조매출액 대비 매출액

이는 매출액 중 창조를 통해 발생한 매출을 분석하는 것이다. 미래 매출증가의 가능성을 내다보는 지표가 된다.

창조매출액에는 특허제품 및 아이디어 제품의 매출액 중 3년 이내인 것만 적용한다. 이를 창조매출액 비율이라고 한다.

(4) 창조매출 이익률

창조매출에 대한 이익률을 나타내는 지표다. 창조매출이 일반 매출에 비해 얼마나 이익률이 높은지 평가해볼 수 있다.

또 창조매출 이익률의 추이를 분기별 또는 연도별로 파악할 수도 있다.

(5) 창조자산 대 총자산 비율

창조자산에 얼마나 투자를 했느냐에 따라 미래의 기업 발전성 여부가 판가름난다.

창조자산은 특허권 · 상표권 · 의장권 등 무형의 고정자산과 연구개발용 자산, 교육용 자산을 더하면 된다.

이 같은 창조성 분석방법은 기업이 스스로 경영을 분석하는 데도 중요하지만 앞으로 금융기관이 기업의 신용도를 평가하는 데도 활용될 수 있다.

지금까지 은행 등 금융기관이 중소기업에 대출을 해줄 때 그 기업을 평가하는 방식은 모두 과거의 실적을 평가하는 것이었다. 모든 재무제표는 과거 1년을 기준으로 되어 있기 때문이다.

은행이 돈을 빌려준 뒤 되돌려받아야 하는 시기는 '미래'인데, '과거'만 평가해서 대출을 해주면 돈을 떼일 수밖에 없다.

실제로 한국의 은행들이 기업을 평가할 때 활용하고 있는 표준 기업평가 항목과 배점을 살펴보자.

우선, 재무상태가 전체의 평가점수 100점 중 50점을 차지한다. 이 내용을 보면 자기자본비율, 유동비율, 총자본 순이익률, 안전성(고정 장기적합률의 역) 등을 평가한다. 이는 한결같이 과거연도의 것을 기준으로 한다.

물론 은행은 기업을 평가할 때도 사업성을 본다고 강조한다. 전

체의 30점을 구성하고 있는 사업성 평가를 보면 이것도 기초자료
는 과거의 것을 평가하는 것임을 알게 된다.

총자본 회전율, 매출채권 회전율이 5점을 차지하고 총자본증가
율과 연간매출액 증가율이 5점을 차지한다. 이들도 역시 과거의
실적을 기준으로 한다.

여기에서 지적해야 할 점이 또 하나 있다. 그 기업의 부가가치
율에 대한 점수가 너무 인색하다는 것이다. 일본의 경우에는 경영
혁신법 시행을 계기로 부가가치액 하나만 보고 장기저리 자금을
빌려준다.

물론 한국과 일본의 여건이 다른 건 사실이다. 하지만 한국의
경우 부가가치율의 평가를 너무 가볍게 다루는 것도 부인할 수 없
는 사실이다. 또 은행과의 관계 및 경영자의 인적 사항 등을 점수
매길 때도 너무 친분관계에 얽매여 평가하기도 한다.

때문에 한국의 금융기관들은 담보를 설정하고서도 대손율(貸損
率)이 신용만으로 대출해주는 선진국들에 비해 너무나 높다. 따라
서 이 창조성 분석 지표는 앞으로 금융기관에서 대거 활용될 수
있을 것이다.

또 크레비즈 기업에 투자하는 사람들이 그 기업을 평가하는 지
표로 활용될 것으로 내다보인다. 니시보리 에이자부로(西堀榮三
郎)는 《창조력》이란 책에서 "과거는 결코 미래의 연장선상이 아니
다"라고 역설했다. 그의 애기처럼 기업을 너무 과거에 의존해서
평가하는 방식은 그릇된 것이다. 그 회사의 진정한 가치를 판단하
지 못하기 때문이다.

144

제 5 장

일본의 창조바람

1. ‘따라잡기’는 끝났다

도쿄 지하철 긴자선(銀座線)의 도라노몽역에 내려 2번 출구로 나가 2분 정도 걸어가면 미쓰비시석유 주유소가 나타난다. 그 다음 블록에서 우회전하면 도라몽 37모리(森) 빌딩이라는 회갈색 건물이 보인다.

이 건물에는 일본의 창조산업(創造産業) 시책을 실질적으로 담당하는 중소기업사업단(中小企業事業團, jsbc.go.jp)이 입주해 있다. 중소기업사업단은 한국의 중소기업진흥공단과 비슷한 성격의 기관이다.

여기에 가면 기업 창조활동 촉진에 관한 자료를 구할 수 있다. 4층에 있는 창조중소기업 지원부나 1층에 있는 중소기업 정보센터를 찾아가면 된다.

　1층의 정보센터는 자료실과 상담실로 나눠져 있다. 자료실은 넓은 상담실을 지나 안쪽에 자리잡고 있다. 이 자료실에 있는 창조산업에 대한 데이터는 다음과 같다.

1. 창조적 사업활동의 선진 사례에 관한 연구
　(中小企業情報센터)
2. 창조적 중소기업의 태동
　(中小企業總合硏究機構)
3. 중소기업 창조활동 촉진법령
　(中小企業事業團)
4. 창조활동촉진법에 의한 특별포괄보험제도
　(中小企業事業團)
5. 중소기업의 창조적 활동 사례 조사
　(中小企業總合硏究機構)

　이 밖에 중소기업종합연구기구가 내놓은 '중소기업 창조적 활동 사례조사'에서 야마모토 겐이치(山本賢一) 수석연구원은 일본의 중소기업 창조적 활동의 유형을 다음의 여섯 가지로 나누어놓았다. 이는 앞으로의 수요 문화를 예측할 수 있어 눈여겨볼 만하다. 여섯 가지 욕구에 대한 대응은 다음과 같다.

1. 건강, 환경 등 생활의 질을 높이는 욕구에
   대한 대응
2. 고령화 사회의 수요 대응
3. 제품 사용자(user)의 요구에 대응
4. 미래 수요급증을 예측하는 대응
5. 환경개선, 공해방지 추구 수요의 대응
6. 지금까지의 상식을 깨는 신수요 창출

이처럼 일본이 창조에 전력을 투구하기로 한 것은 따라잡기(catch up)로는 더 이상 경쟁력을 확보할 수 없다는 판단에서 비롯된 것이다.

그래서 정부도 창조활동 촉진에 적극적으로 나서고 있으며, 학자들도 창조 바람을 불러일으키지 않고서는 일본 자체가 위험하다고 경고한다.

도쿄대학교의 가루베 이사오(輕部征夫) 교수는 《기창력(起創力, The Power of Creating)》이란 책에서 "21세기에는 캐치업(catch up)형 인간은 끝났다"고 선언했다. 그러면서 관료보다 더 관료적으로 전락한 일본의 대기업들을 꾸짖었다.

지난 1973년 노벨 물리학상을 받고 쓰쿠바대학 학장을 지낸 에자키 레오나(江崎玲於奈) 교수는 《창조력을 키우는 법, 단련하는 법》이란 책에서 "변혁의 시대에는 창조력이 가장 결정적인 역할을 한다"고 강조하고 있다. 특히 지나친 컴퓨터 의존과 관제(官製) 기술입국에 대해 경고하고 있다. 니시보리는 《창조력》에서 "창조력이야말로 미래를 만든다"라고 강조한다.

기업현장을 연구하는 교수들도 창조의 중요성을 역설한다. 류쿄쿠 대학 대학원 비즈니스 과정 교수들은 공동으로 〈일간공업신문사(日刊工業新聞社)〉에서 《창조적 중소기업》이란 책을 내고 20개 창조적 중소기업의 사례를 연구해서 책자로 만들어 업계에서 창조의 중요성을 느낄 수 있도록 하고 있다.

기업경영연구회도 창조산업의 중요성을 거듭 강조한다. 최근 내놓은 《창조형 기업의 연구》를 보면 이들의 의도를 알 수 있다. 이 책자 서문에는 이렇게 쓰여 있다.

"창조형 기업이야말로 21세기를 여는 유일한 길이다."

기업경영연구회는 창조기업이 되지 않고서는 21세기에는 희망이 없다고 거듭 강조한다. 이 연구회는 창조기업이 되려면 다음과 같은 아홉 가지 분류에 속해야 한다고 지적하고 있다.

1. 독창적인 차별화 기술
2. 특화되고 뛰어난 연구개발력과 제품개발력
3. 시대를 먼저 읽는 선견성
4. 적극적인 글로벌 전략
5. 문화를 읽는 시장 전략
6. 창조기업 이념의 일관적인 실천

7. 밝은 기업문화, 유연한 조직
8. 강한 재무체질
9. 창조적인 인재육성 시스템

그렇지만 일본의 경우 창조산업의 필요성과 실천방안은 중앙정부에서 지난 1995년 창조활동지원법(創造活動支援法)을 제정한 이후 답보 상태였다. 그러나 2000년 들어 신중소기업기본법이 시행되면서부터 다시 불붙기 시작했다.

일본은 미국보다 정보화에 뒤떨어진 이후 경영혁신을 통한 창조활동 촉진의 필요성을 더욱 절실하게 느끼고 있는 상황이다.

2. 강아지 키워도 정책자금

아이치(愛知)현에 합성피혁업체를 경영하는 마키 마코토(牧眞) 사장은 종업원 20명에 연매출 36억 엔 수준으로 순조롭게 기업을 경영해왔다. 그러나 엔고(円高)가 다시 시작되면서 중국과 동남아시아 지역에서의 합성피혁 수입이 급증하자 가격경쟁에서 도저히 견딜 수가 없었다.

더욱이 일본 내의 60여 개 합성피혁업체들 간에도 덤핑 경쟁이 갈수록 치열해졌다. 이로 인해 매출이 3분의 1로 급락했다. 그는 더 이상 사업을 할 기력이 없어졌다.

이 무렵 제분회사에서 애완동물용 음식을 한번 만들어보지 않겠느냐는 의뢰가 왔다. 그러나 이를 생산하는 과정에서 그는 공장

배수가 잘 되지 않아 악취가 나는 바람에 심한 어려움을 겪었다.

이 때 일이 계기가 되어 마키 사장은 동물원에서 악취를 제거하는 방법에 관심을 갖고 동물원을 찾아다니면서 애완동물(pet)에 심취하기 시작했다.

유럽이나 미국에서는 애완동물을 기르는 문화가 잘 발달해 있어 개나 고양이에게 먹이를 주는 시간, 사육장소의 색상 등에 관한 매뉴얼이 잘 갖춰져 있으나 일본에서는 이런 문화가 정착되어 있지 않다는 사실을 알고 재창업을 했다. 그는 주식회사 이콜이란 기업을 만들고 '애완동물 문화(pet culture)의 창조'를 캐치프레이즈로 내걸었다. 이름 그대로 크레비즈 실천을 선언했다.

그는 교외에 약 6,000㎡의 부지를 확보하고 80가지 종류의 개 300마리와 고양이를 사왔다. 주식회사 이콜은 이 사육장을 동물원으로 개방했다.

그러자 예상 외로 많은 사람들이 이를 구경하러 왔다. 평일에는 200명, 휴일에는 1,500명 정도가 관람하러 왔다. 이 회사는 여기에 멈추지 않고 그 곳에 개를 훈련시키는 사업을 폈다. 또 실내 트레이닝 센터를 만들어 개를 훈련시키는 방법을 가르치는 교실을 열었다. 이어 동물병원을 열고 개의 번식에서 죽음에 이르기까지 일체의 서비스를 제공했다.

특히 일본의 경우 개의 인공수정에 관한 연구가 충분하지 않은 점을 감안해 이 분야의 R&D도 추진했다. 국제 페트컬처협회를 결성하고 동물원을 짓는 방법에서부터 생체관리능력 향상기법 등을 데이터베이스화했다. 인터넷으로 이 정보를 공급할 수 있도록 하기 위해서였다.

　현재 이 회사는 생후 60일 된 강아지를 판매한다. 따라서 앞으로 독자적인 애완동물 유통경로도 만들어나갈 방침이다. 올해 50억 엔의 매출을 목표로 하는 이 회사야말로 문화를 비즈니스화한 전형적인 크레비즈 중소기업이라고 할 수 있다.

　그런데 여기에서 정말 놀라운 사실이 하나 있다. 개를 기르는 이 업체도 알고 보면 정부의 창조산업 정책지원을 받았다는 것이다. 사업 초기에 중소기업창조활동촉진법의 지원혜택을 받아 이같은 성과를 일궈낼 수 있었다.

　일본의 창조법이 한국의 벤처육성법과 다른 점이 바로 이것이다. 우리나라라면 '개를 키우는 업체'에 중소기업 특별자금을 지원해주었다면 문제가 됐을 것이다. 어느 중소기업 자금지원 조건에도 개를 기르는 사람이 대출을 받을 수 있는 조항은 없기 때문이다.

　그러나 우리나라도 애완동물 선호현상이 새로운 문화로 자리잡기 시작했다. 애완동물산업의 한국 시장 규모는 최소 약 3,000억 원에 이른다고 전문가들은 말한다. 업계 관계자들은 애완동물 산업을 사료산업, 관련 서비스 산업 및 판매, 용품산업 등으로 나누고 있다.

　이 중 외국 업체와 국내 업체 간의 경쟁이 가장 치열한 곳은 사료업이다. 애완견 사료시장 규모는 이미 약 1,000억 원대에 달해 단일시장으로도 상당한 매력을 갖추게 됐다고 전문가들은 보고 있다. 애견 전용 미용실도 전국적으로 400여 개에 달한다.

이런 상황인데도 우리나라에서는 강아지를 키우면서 벤처자금을 빌리기는 어렵다. 그러나 일본의 창조산업 지원제도는 이것이 가능하다.

일본의 창조활동 지원정책은 어떠한 것인지 짚고 넘어가자. 일본의 중소기업 창조활동 지원시책은 다음 네 가지로 나뉜다.

1. 창조활동촉진법에 의거한 제도 마련
2. 창조적 사업활동을 위한 자금 지원
3. 창조활동에 대한 기술적 지원
4. 창조사업을 위한 경영 면에서의 백업

일본의 창조산업 지원정책은 자금 · 기술 · 경영 · 법률 등 네 가지로 나눠 지원된다. 이 지원정책은 지난 1995년 제정된 중소기업 창조활동지원법에 근거해서 지원되는 것이다. 이 법률은 신제품과 신서비스를 개발하는 기업을 지원대상으로 한다. 지원을 받으려면 신제품과 신서비스 개발에 관한 사업계획서를 작성해 도도부현(都道府縣) 지사의 인정을 받아야 한다.

이 중소기업청이 총괄하는 창조활동 지원시책(sme.ne.jp/sesaku) 가운데 자금지원부터 살펴보자. 자금지원시책은 다음 여섯 가지로 나눠 시행된다.

1. 창조적 중소기업 창출 지원사업
2. 창조 예비군 발굴 지원사업
3. 중소기업 투자육성주식회사의 투자
4. 신사업 개척 보증(신용보증협회)
5. 신사업 육성 대부(중소기업금융공고 등)
6. 개인투자자(엔젤)에 대한 세제 혜택

첫째, 창조적 중소기업 창출지원은 벤처재단이 창조적 중소기업에 직접 투자를 하는 것이 주요 사업이다. 창조적 중소기업의 주식이나 회사채에 1,000만 엔 이내에서 투자한다. 상환기간은 10년 이내이며 담보는 없다.

둘째, 창조예비군 발굴 지원사업은 다음 세 가지로 나뉜다.

1. 신사업 창출 촉진 : 투자조합에 10억엔 지원
2. 신사업개척 보조금 교부
   −창업 7년 미만 기업 대상
   −시작품 개발, 서비스 실천, 판로개척 경비
   −통상산업국 도도부현 추천 조건
3. 신사업 개척지원 조성금 : 창업자 창조기업
   에 대한 정보제공 지도지원

셋째, 중소기업 투자육성회사는 독창적인 기술, 노하우 제품, 새로운 서비스의 기업화 등에 주식, 전환사채, 신주인수건부 사채 등을 인수하는 제도다. 중소기업 투자육성 주식회사가 지원하는 투자는 지원대상이 너무나 다양하다. 중소기업 투자육성회사의 주식투자 한도는 주식총수의 50%까지 가능하다. 이런 중소기업 투자육성회사는 도쿄·나고야·오사카 등 세 곳에 있다.

넷째, 신용보증협회의 채무보증은 일반기업의 경우 2억 엔까지 해주며 창조법 인정 시행자는 3억 엔까지 가능하다.

다섯째, 신사업육성대부는 새로운 사업을 펴는 중소기업에게는 환상적인 자금이다. 중소기업 금융공고(中小企業金融公庫), 상공조합금융공고(商工組合金融公庫)에서 대출해주는 신사업 육성자금은 시설자금의 경우 대출기간이 15년으로 길다. 한국의 정책자금 대출기간 8년에 비해 7년이 더 길다. 그리고 운전자금도 7년이나 되고, 시설자금은 거치기간이 7년에 이른다.

이 정도로 장기간 돈을 빌려준다면 누가 장사를 못 할까 싶을 정도다. 대출금리는 더 유리하다. 대출 후 5년 간은 1.5%를 적용하고 6년 이후에는 2.5%를 내면 된다.

이 밖에 지역 중소기업 활성화 대출, 신사업 진흥대출, 신규개업 지원대출, 이업종교류 특별대출 등도 대출조건이 유리하기는 마찬가지다.

이들의 지원대상은 제조업을 비롯해, 건설·운수·통신·도매·소매·서비스 음식점 등이다.

일본에서는 '음식점'도 중소기업 정책자금을 지원해준다.

강아지를 키우는 사업이나 음식점에도 장기적인 정책자금을 지원해주는 일본의 유연성 있는 정책은 크레비즈를 맞이하는 이 시대에 우리에게 타산지석이 될 만하다.

3. 기술과 경영은 양쪽 수레바퀴

왜 신중소기업기본법을 만들었나
경영혁신법은 무엇인가
부가가치액 높이기 작전

기술과 경영은 중소기업을 이끄는 양쪽 수레바퀴라 할 수 있다. 그런데 벤처 시대에는 양쪽 바퀴 중 기술 쪽 바퀴를 키우는 데만 계속 전념했다. 그 결과 중소기업들이 한쪽 바퀴만 커진 수레가 되고 말았다.

한쪽 바퀴가 큰 수레로는 앞을 향해 아무리 달려봐야 제자리를 맴돌 수밖에 없다. 이처럼 벤처기술만 강조하다가 제자리에 맴도는 결과를 초래하는 것은 일본도 마찬가지였다.

중소기업창조활동지원법이 중소기업의 기술개발을 촉진하는 데는 분명히 기여했지만, 중소기업의 경영을 향상시키는 데에는 그리 기여하지 못했다.

미국이 기초기술을 개발할 때, 일본은 생산기술 개발에 대규모 투자를 해서 생산성과 품질로 미국을 위협했다.

그러다 복합불황으로 세계시장에서 미국에 서서히 밀리자 이의 타개를 위해 벤처기술 개발에 힘썼다. 그러나 이것마저 인터넷 부문에서 미국에 장악당하는 바람에 시장을 잃고 말았다. 이 때부터 일본 정부와 각종 경제연구소들은 고심에 빠졌다.

다시 미국을 압도할 수 있는 기회를 찾기 위해 지난 5년 간 연구하고 토의했다. 그 결과 이들은 그 동안 너무 기술만 강조한 나머지 또다시 미국에게 우위를 내주고 말았다는 점을 깨달았다. 결국 이들이 내린 결론은 "기술 쪽 수레바퀴만 키워서는 앞으로 나아갈 수 없다"라는 것이었다.

그리하여 지금까지 틈만 나면 기술입국을 부르짖던 일본이 최근 큰 결단을 내렸다. 중소기업지원의 기초가 되는 중소기업기본법을 대폭 수정해 2000년부터 실시에 들어간 것이다.

1999년 12월 3일 공포한 새 중소기업기본법의 기본시책을 살펴보자. 새 법률 제2장에 있는 기본적 시책은 크게 세 가지로 나누어진다.

1. 경영혁신의 촉진 : 제12조
2. 창업의 촉진 : 제13조
3. 창조사업 활동의 촉진 : 제14조

그 동안 추진해온 기술입국 정책만으로는 더 이상 21세기 창조 산업 시대에 버텨낼 수 없다는 판단 아래 이같이 기본법을 수정한 것이다.

물론 창조활동 촉진에는 기술지원도 포함되어 있다. 그러나 일본이 주장하는 새 시대에 맞는 중소기업 지원은 창조활동과 경영혁신을 통해 창업을 일으키자는 것이 목표다.

이 같은 판단에 따라 새로 태어난 법률이 '중소기업경영혁신지원법'이다. 이 경영혁신지원법에는 지금까지 중소기업 지원시책에서 보이지 않던 목표가 설정돼 있다.

1. 기업 전체의 부가가치액 향상
2. 기업 전체의 종업원 1인당 부가가치액 향상

이 법률에 의거해 지원을 받고자 하는 중소기업은 3년 이내에 부가가치액을 9% 이상 높이도록 했다. 또 4년 계획을 설정하는 기업은 12% 이상을 목표로 하고, 5년 계획이라면 15% 향상을 목표로 잡도록 했다. 여기에서 말하는 부가가치액이란 다음과 같다.

부가가치액＝영업이익＋인건비＋감가상각비

경영혁신법에서 정한 지원을 받고자 하는 기업이나 그룹(공동

조직)은 '경영혁신계획'을 세워 도도부현의 승인을 받아야 한다. 승인을 받은 기업에게는 일단 금융지원 혜택이 주어진다. 먼저 신사업 동향조사, 시장개척, 관련 인재양성 등에 경영혁신 사업비 보조금이 주어진다. 이는 한 건당 약 2,000만 엔 정도 지원된다.

이어 이 경영혁신계획을 승인받은 기업에게는 장기저리 융자혜택이 주어진다. 이 혜택의 내용을 보면 정말 특혜에 가까운 지원임을 알 수 있다.

중소기업금융공고, 국민금융공고, 상공조합중앙금고 등에서 장기운전자금을 지원해준다. 지원금리는 연 2%다. 중소기업금융공고는 설비자금에 대해 1.7%의 자금을 대출해주기도 한다. 세제혜택도 다음과 같이 다양하다.

1. 설비투자 감세
   - 특별상각률＝취득가액의 30%
   - 세액공제율＝취득가액의 7% 선택
2. 결손금 부분에 대한 상환청구
3. 특별토지보유세 비과세
4. 시험연구 관련세제 혜택
   - 시험연구비 부과금의 임의상각
   - 증가 시험연구비의 세액공제
   - 시험연구용 고정자산의 압축기장

경영혁신지원 혜택은 여기에서 그치지 않는다. 중소기업 종합사업단에서 지원하는 구조개선고도화 사업자금을 무이자로도 받을 수 있다. 이 경영혁신지원법은 '경영기반강화계획'이라는 제도도 마련하고 있다. 이 계획은 업종별 상공조합들을 지원하기 위한 것이다. 협동조합이 경영혁신계획을 작성, 신청해서 승인을 받을 경우에도 개별 중소기업에 지원하는 방식의 각종 혜택이 주어진다.

이런 혜택을 살펴보면 한국의 중소기업들로서는 부럽기만 할 것이다. 한국에서야말로 벤처기술 지원에 너무 치중한 나머지 한쪽 바퀴가 팽배한 상태인데도 아직 경영혁신을 지원하는 정책은 마련되지 않았기 때문이다.

그렇다고 한국의 중소기업들도 마냥 앉아 기다릴 수는 없다. 스스로 경영혁신에 나서야 한다. 크레비즈 시대에는 벤처 시대와 국제적으로 인정받을 수 있는 재무제표를 만들어야 하고 경영내용을 자신 있게 공개할 수 있어야 한다. 그러기 위해서는 지금 경영계획표를 내놓고 종업원당 부가가치액 향상 목표를 다음과 같이 설정해보는 것이 좋지 않을까 한다.

1. 앞으로 1년 뒤 5% 향상
2. 앞으로 3년 뒤 9% 향상
3. 앞으로 5년 뒤 15% 향상

거듭 강조하지만 중소기업을 이끄는 양쪽 수레바퀴는 경영과
기술이다. 크레비즈 시대를 맞아 한국의 벤처 중소기업들도 자신
의 기업이 어느 한쪽에 너무 치우치지 않았는지 스스로 분석해봐
야 할 시점이 아닌가 한다.

제6장

정책 벤처에서 벗어나기

1. 미국의 기업가정신 부추기기

창조적 기업 육성

자금지원은 직접금융으로 한다

흔히 벤처 캐피털이 시작된 시기를 얘기할 때 '콜럼버스'를 거론한다. 15세기 말 스페인의 이사벨 여왕이 대서양을 거쳐 인도의 황금을 가져오겠다는 콜럼버스에 돈을 투자한 것이 최초의 벤처 캐피털이라는 것이다.

물론 이는 20세기 들어와서 벤처 캐피털을 활성화시키기 위해 만들어낸 이야기다. 그만큼 벤처란 위험한 부문에 과감히 투자해 막대한 돈을 벌자는 데서 출발한 것이란 점을 상징적으로 나타낸 것이기도 하다.

그러나 실질적으로 벤처 캐피털이 처음 형성된 시기는 1946년 미국에서였다. 보스턴에 사는 지역 중소기업인들이 이 지역에 있는 MIT 등 유명 대학들이 개발한 첨단기술에 과감히 투자해 지역 발전을 도모하는 한편, 수익도 올리자는 목적에서 벤처 캐피털을 만들었다.

세계 최초의 벤처는 아메리카 리서치&디벨로프먼트(ARD)였다.

미국의 지역 중소기업자들로 결성된 벤처 캐피털은 거의 10년간 어려움을 겪었다.

그 사이 1953년 '중소기업법'이 제정되고 상설 정부기관으로 중소기업청(Small Business Administration)이 설립됐다. 이런 환경이 조성된 데 이어 ARD는 당시로서는 최첨단 산업인 컴퓨터 산업에 투자하면서 엄청난 성장을 하게 됐다. 1957년의 일이다.

여기에 자극을 받아 미국 정부는 1959년 중소기업투자법을 제정했다. 이어 중소기업투자회사(SBIC)가 설립됐다. SBIC는 창립되면서부터 벤처 열풍을 불러일으켰다.

미국에 첫 벤처열풍이 불기 시작한 것은 거의 30년 전의 일이다. 1960~62년까지 SBIC 앞에는 투자를 바라는 벤처기업들이 줄을 섰다. SBIC도 이 기간 동안 무려 585개 벤처기업에 투자하는 열기를 보였다. 그러나 이 열기는 3년을 넘기지 못하고 가라앉기 시작했다.

발단은 너무 짧은 기간 안에 투자한 돈을 회수하려는 발상 때문이었다. 이로 인해 정부도 엄격한 규제에 나서기도 했다.

당시 미국의 벤처 환경과 현재 한국의 벤처 환경은 너무나 흡사하다. 왜냐하면 벤처기업의 성장은 그 기업이 만드는 상품과 용역을 구입하는 수요자에 의해 성장해야 하는데, 오히려 투자자들의 수요에 의해 움직이고 있기 때문이다. 다시 말해 기업은 수요자 지향이 돼야 성장을 하는데, 투자자 지향으로 운용되고 있기 때문이다. 당시 미국도 마찬가지였다.

미국은 1980년대 들어 다시 한 차례 벤처 캐피털이 주목을 받았다. 이는 펀드들이 자금을 유입할 수 있는 기회를 얻었기 때문이다. 즉 미국 노동부가 '퇴직기금보장법'을 완화하는 바람에 연금과 기금들이 여유 돈으로 투자를 할 수 있게 된 것이다. 자본소득세를 49%에서 28%로 내린 것도 이를 부채질했다.

그 동안 미국의 벤처 캐피털은 많은 반성을 했다. 무엇보다 단기간 안에 투자한 돈을 회수하려는 자세가 그릇된 것이라는 사실을 깨달았다. 또 이사벨 여왕이 콜럼버스에 투자하듯, 한 곳에 엄청난 자금을 털어 넣는 것은 잘못이라는 분석도 이끌어냈다.

그럼에도 불구하고 실리콘 밸리의 바람이 다시 일확천금을 기대하는 벤처로 변신했으며, 하이테크 부문에 대한 편중투자를 낳았다. 1986년 세법 개정으로 장기투자에 대한 자본소득세가 아무런 혜택이 없게 되자 이러한 열기가 가라앉기 시작했다.

더욱이 1987년 10월 19일 블랙 먼데이는 벤처 투자자금 회수에 많은 문제가 있음을 알게 했다. 1990년대 말에 이르러 인터넷 열풍이 불면서 다시 한 차례 벤처 투자가 바람을 일으켰다. 특히

1999년에는 연간 500억 달러에 가까운 벤처 투자가 이뤄졌다. 그러나 이것마저 2000년 4월 17일 블랙 먼데이 이후 퇴조하고 말았다. 그래서 미국은 다른 방향으로 중소기업을 육성하는 정책을 펴기로 했다.

중소기업청(SBA)이 중심이 되어 기업가 정신(entrepreneurship) 함양에 초점을 맞추고 있다.

미국에서 중소기업 정책을 담당하는 기관은 SBA다. 이 기관은 워싱턴DC 사우스웨스트 3번가의 허름한 건물에 자리잡고 있다.

SBA의 건물은 허름하지만 중소기업에 대한 지원업무를 개발하는 중추적 기관이다. 중소기업에 금융지원을 해주면서 서류를 전혀 받지 않는 방법을 처음 도입한 곳이다.

예산을 많이 들이지 않고 중소기업을 지원할 수 있는 방법도 창안해냈다. 바로 중소기업 지원업무를 민간기업에 넘겨준 것이다. 업무추진도 행정방식에서 경영방식으로 바뀌었다.

특히 SBA는 1990년대 초부터 워싱턴 대학의 칼 베스퍼 교수 등이 주장한 것과 같이, 중소기업은 기업가 정신을 만들어주는 문화가 중요하다는 점에 중점을 두었다. 바로 창조적 기업(creative business) 육성을 목표로 설정한 것이다. 그래서 중소기업청은 '21세기 중소기업과 기업가 정신'을 설정하고 이를 중소기업 육성에 적용키로 했다.

　나아가 중소기업청은 백악관 중소기업협의회 및 미시간 대학 교수들과 공동으로 포커스 그룹 회의를 열어 새로운 프로젝트를 설정했다. 이 프로젝트는 오는 2005년까지 중소기업 육성을 위해 취해야 할 조치를 다음과 같이 설정했다.

1. 중소기업과 기업가 정신은 고용을 창출한다. 따라서 시장 내의 경쟁원리를 도입해 중소기업이 삶의 질을 향상시킬 수 있는 토대를 창출하도록 한다. 이를 위해 불공평한 규제를 완화하고 기업가 정신을 방해하는 충격을 없앤다.

2. 21세기에는 중소기업이 자금을 원활히 조달할 수 있도록 새로운 금융시장을 많이 신설해야 한다. 특히 중소기업 주식의 유동성을 높이기 위해 주식거래시장의 발전을 촉진시키고, 이와 관련된 규제를 없애야 한다. 직접금융 형태의 자금조달 확대를 위해 비은행 금융기관의 설립을 확대해야 한다.

3. 연방정부 및 주정부는, 중소기업이 미국 경

제에 활력과 생명력을 주는 존재로 기여할 수
있도록 지원 프로그램을 작성하고 중소기업
스스로도 적응력 · 창조력 · 경쟁력을 가질 수
있게 해야 한다.

이 프로젝트 설정은 정부가 직접적인 육성업종을 정하는 방식
보다는 기업 스스로 기업가 정신을 발휘할 수 있는 문화와 풍토를
조성한다는 목표 아래 진행되고 있다. 이 프로젝트에서는 벤처를
집중 지원하기 위한 정책은 더 이상 보이지 않는다.
　이는 벤처 육성에 너무 치중해 있는 한국의 중소기업 지원정책
과 비교해볼 만한 사례가 아닌가 한다.

2. 일본 벤처의 실패

일본에 벤처 캐피털이 처음 설립된 것은 지난 1963년의 일이다. 미국의 SBIC가 설립돼 한참 벤처 열풍을 일으키던 때다.

미국의 벤처 열풍을 바라보던 일본은 정부가 직접 나서서 벤처 캐피털을 만들었다. 이것이 중소기업투자육성회사다.

일본은 관 주도(官主導)로 벤처 캐피털이 먼저 생겼다는 점이 미국과 다르다. 일본에서 민간 벤처 캐피털이 설립된 것은 1972년 12월의 일이다. 중소기업투자육성법이 제정되자 이를 근거로 교토 지역의 재계인사들이 '교토 엔터프라이즈 디벨로프먼트'를 세웠다. 곧 이어 일본에도 벤처 바람이 불기 시작했다. 니혼 엔터프라이즈 디벨로프먼트와 니혼 벤처 캐피털이 연이어 설립되었고,

1973년에는 니혼 합동 파이낸스가 만들어졌다.

이듬해에는 네 개의 벤처 캐피털이 세워졌다. 일본 벤처 캐피털도 미국과 마찬가지로 초창기 한 차례 어려움을 겪었다. 제1차 오일쇼크 때문에 벤처기업들이 한결같이 적자에 허덕이게 된 것이다. 도쿄 증권시장 제2부에 상장돼 있던 일본 네쓰가쿠가 도산하자 정부가 투자자 보호 차원에서 상장기준을 강화해버린 것이다.

이로 인해 벤처기업을 상장해 투자금액을 회수하려던 벤처 캐피털들이 막대한 손실을 보게 되었다.

벤처 캐피털 1호 교토 엔터프라이즈 디벨로프먼트는 해체되고 말았다.

니혼 벤처 캐피털도 이 위기를 견디지 못했다. 회사를 팩터링 업무를 담당하는 금융기관으로 바꾸고 이름도 종합 파이낸스로 변경해버렸다.

일본 정부도 새로운 대책을 강구했다. 1976년 7월 연구개발형 기업육성센터(VEC)를 만들어 기술력은 높은데 자금이 없는 기업에 무담보 채권보증을 서는 방식으로 지원해주기로 했다. 이 VEC는 쓰러져가는 일본의 벤처 캐피털을 기사회생시키는 데 기여했다.

1982년 4월 투자사업조합인 JAFCO 1호가 결성되면서 다시 벤처 바람이 일어났다. 그러나 이 바람도 1984년 후반부터 시작된

미·일 무역마찰과 반도체 불황으로 이른바 하이테크 기업이 연쇄도산을 하자 사그러들고 말았다.

이렇게 되자 일본은 정책적으로 창조적인 중소기업을 키우자는 데 초점을 맞추었다. 그래서 만들어낸 정책이 중소기업의 창조적 활동 지원이었다. 이 정책을 위해 일본은 1995년 3월 '중소기업창조적활동촉진에관한임시조치법'을 제정했다. 이 법률도 신기술 개발에는 크게 기여했으나 창조 경영을 지원하는 데에는 역부족이었다.

야마가와가 지적한 일본 벤처기업들의 실패 원인을 보면 기술력이 아니라 경영에서 문제가 생긴 것이었다. 수요자의 문화에 대해서는 관심을 갖지 않고 혼자서 첨단기술에 도취돼 있다가 도산의 길을 걸은 경우가 많았다.

도쿄에서 소프트웨어 분야의 하이테크 업체로 이름을 날리던 그라피카도 그랬다. 이 회사의 이와다 사장은 자존심이 강한 엘리트였다. 그는 자금을 조달할 때 벤처 캐피털을 많이 이용했다.

그는 당초 투자를 해온 벤처 캐피털을 무시하고 다른 벤처 캐피털을 통해 증자를 했다. 그 돈으로 은행에 차입금을 갚고 '무차입 경영'을 과시했다. 그러나 주식을 공개하면서 주식인수 간사회사와 감사법인이 공적 자금과 사적 자금을 구분할 것을 지적하자, 그는 화를 내면서 간사회사와 감사법인도 바꿔버렸다.

그러나 그는 새로운 간사회사하고도 역시 충돌을 빚고 말았다. 첨단기술만 있으면 경영법칙은 상관없다면서 그런 행동을 한 것이다.

경영 충고를 무시한 그의 행동 때문에 관련 금융기관 등이 모두 그에게서 등을 돌렸다. 결국 회사는 도산하고 말았다.

간쿄전기도 자본조달 경영에서 문제를 일으킨 벤처업체다. 이 회사는 '닛케이 벤처'로부터 소형 모터 부품에서 '제2의 소니가 될 수 있다'는 칭송을 들을 만큼 첨단기술을 자랑하는 기업이었다.

덕분에 간쿄전기는 당초 액면가의 10배인 5,000엔으로 1만 2,000주를 발행, 6,000만 엔이란 대규모 자금을 조달했다. 이 때 처음부터 회사를 돌보던 벤처 캐피털이 참여했다.

여기에 자신을 얻은 스토 사장은 다른 벤처 캐피털 4개사를 끌여들였다. 다시 주당 6,000엔으로 18만 5,000주를 발행해 11억 1,000만 엔을 조달했다.

그러나 사업계획 등도 확립하지 않은 채 거액의 자금을 조달하는 바람에 당초 돌보던 벤처 캐피털과는 사이가 틀어졌다.

그는 매스컴에 불려다니기에 바빴고 자기 회사를 자랑하는 강연회 등에 많은 시간을 투자했다. 매스컴에 연이어 소개되자 영국의 투자회사까지 참여를 제의해왔다.

여기에 자신을 얻은 그는 다시 증자를 강행했다. 이같이 무모한 증자 강행을 지켜본 최초의 투자회사는 당연히 증자에 참가하지 않았다.

1년 반 뒤 간쿄전기는 수요자를 개발하지 않고 자본만 조달한 결과 결국 부도를 내고 말았다.

**이는 벤처를 내세워 자금조달하는 것을 벤처
비즈니스로 착각한 결과다.**

　벤처란 기업의 수익이나 성장을 모험적으로 하는 것이지 자금
만 모험적으로 조달하면 끝나는 것이 결코 아니다. 사실 간쿄전기
가 개발한 시트 코일(sheet coil)은 첨단기술이긴 했지만 응용 분
야가 매우 적은 한계를 지니고 있었다.

　간쿄전기를 보면 요즘 한국의 몇몇 벤처기업을 연상케 한다. 벤
처기업도 상품의 수요자가 없으면 망한다. 기술이 아무리 우수해
도 소용없다. 그걸 이용하는 사람들이 구매하지 않으면 끝이다.

　그럼에도 불구하고 벤처기업들은 손쉽게 자본조달을 했다는 사
실에 도취되어 이미 성공을 거둔 것으로 생각한다. 그러나 그것
은 환상이다. 코스닥 시장에서 주가가 오른다고 주식분할을 계속
하면서 자만에 빠지면 간쿄전기와 같은 지경에 이르게 된다.

3. 디스이코노미 많다

삼선기계의 박종호 사장은 일본의 히라이철공소에 유리천공기를 납품했다. 납품금액은 1억여 원이었다. 그런데 대금을 받고 보니 현금이 아니라 6개월짜리 어음이었다.

일본 기업도 어음을 준다는 애기를 듣기는 했지만, 이렇게 장기 어음을 끊어줄 줄은 꿈에도 생각지 못했다. 어음을 현금화할 길이 아득했다. 그래서 히라이측에 어음을 할인받을 수 있는지 물어봤다.

히라이의 자금담당 부장은 "한국 내 일본은행이면 어디서든 가능하다"고 대답했다. 방 사장은 어음을 할인받으러 가서 또 한번 놀랐다. 할인율이 연 2%에 지나지 않았던 것이다. 6개월짜리 어음이니까 1%만 떼고 즉시 현금화할 수 있었다.

한국에서 어음을 받았을 때는 할인도 어렵지만 할인율이 일본보다 여섯 배 이상 높았다. 은행을 통해 발행하는 방식의 이 어음 제도는 일제 때 일본에서 들어온 것이다. 그러나 지금의 실태는 방 사장이 겪은 것처럼 일본과는 너무나 달라져 버렸다. 현금이동의 위험을 덜고 환전의 불편을 줄이기 위해 시작된 어음제도가 오히려 불편한 제도가 되어버린 것이다.

어음은 12세기경 이탈리아를 중심으로 지중해 연안에서 처음 등장했으나, 우리나라에서는 15세기 초인 조선 태종 때부터 어음이라는 이름으로 활용되기 시작했다.

이 때 어음이란 용어는 어험(魚驗)에서 나왔다고 한다. 어험이란 고기의 지느러미를 대조해본다는 뜻이다. 어음을 작성해 서명날인한 뒤 그 종이를 찢어 보관했다가 확실히 진짜인지를 알아볼 때 찢어진 부분을 맞춰보면 판단할 수 있었던 것에서 출발한 것이다. 이처럼 우리의 어음제도는 뿌리가 깊은 금융거래방식이다. 덕분에 전세계에서 어음거래 비중이 가장 높은 나라가 되고 말았다.

사실 경제정책이란 국가와 국민이 잘 살도록 만드는 것을 말한다. 그런데 지금까지 우리가 겪어왔던 경제정책 중에는 이와는 거리가 먼 정책이 많았다. 비경제(dis-economy)를 경제(economy)로 착각하는 경우가 자주 있었다.

작은 공장을 하나 짓기 위해 주변 생태계를 모두 파괴해버리는 건 그야말로 비경제정책이다. 그럼에도 불구하고 이런 디스이코노미가 경제개발이라는 명목으로 이뤄진다는 것이 문제다.

그 동안 정부가 추진해온 중소기업 지원정책 중에 두드러진 디스이코노미 정책이 어음정책이 아닌가 한다.

어음정책은 '상업어음 할인지원'이라는 이름으로 지난 1980년대 초 중소기업들이 대기업으로부터 받은 어음을 할인받아 자금을 원활하게 조달할 수 있도록 하기 위해 만든 것이다.

이 정책은 물론 기업들이 어음거래를 많이 하고 있다는 것을 전제로 한 것이다.

그래서 융통어음은 제외하고 상업[眞性]어음에 대해서만 은행에서 할인해주고, 은행은 다시 한국은행에서 재할인을 받을 수 있도록 하는 것을 장려했다. 여기에서 상업어음이란 기업이 다른 업체에 부품 등을 공급하고 받은 어음을 말하는 것이다.

이 정책 덕분에 대기업으로부터 받은 2개월 이상짜리 어음을 은행에서 즉시 공급받을 수 있어 자금유통에 숨통을 틀 수 있었다. 더 이상 사채시장을 기웃거리지 않아도 할인을 받을 수 있어 한결 편해졌다.

그러나 이 어음할인정책은 대단한 디스이코노미를 초래했다. 어음을 은행에서 잘 할인해주자 대기업들이 아예 현금결제를 해주지 않게 됐다.

**이 어음정책은 장기어음 발행을
더욱 부채질했다.**

결국 1990년대에 접어들면서 중소기업들은 물품을 납품하고 현금을 받을 생각조차 하지 않게 됐다. 전체 기업 간 거래에서 어음이 차지하는 비중이 80%를 넘어서는, 전세계에서도 찾아볼 수 없는 기형적 현상을 불러일으킨 것이다. 더 놀라운 것은 이 정책의 위법성(違法性)이다.

이는 관련 특별법을 완전히 무시한 채 실시됐다. 기업간거래협력증진법 제20조를 보자. 물품을 받은 기업은 납품업체에 대해 제품검사 여부에 관계없이 '60일 이내'에 대금을 지급하도록 규정해 놓았다.

이를 어길 경우 처벌받도록 하는 규정까지 마련했다. 그럼에도 불구하고 은행에서는 90일짜리 어음을 엄연히 할인해준다. 이런 정책이 어음발행을 더욱 부채질해 1990년대 말에는 최고조에 이르렀다.

이즈음에 IMF체제를 맞아 연쇄부도가 터지자 한 해 동안 약 3,200개 정도의 중소기업이 어음을 잘못 받은 이유 하나만으로 부도를 당하고 말았다. 거래상대방이 부도를 내는 바람에 그 빚을 다 갚아줄 여력이 없는 기업은 문을 닫아야 했던 것이다.

이 때 첨단기술을 자랑하던 많은 벤처기업들이 통분해하며 쓰러져갔다. 물론 이런 결과에 대한 책임이 전부 상업어음 할인촉진에 있었던 건 아니다. 위탁기업들의 자금난 전가에도 문제가 크긴 했다. 그렇지만 상업어음할인정책이 반경제적인 정책이었다는 건 부정하기 어려운 듯하다.

지금이라도 남의 잘못 때문에 연쇄부도를 당해야 하는 한국 중소기업의 현실을 막을 수 있는 경제정책이 나와야 한다. 이 연쇄부도의 영향으로 기업 간 거래에서 '신용'이라는 용어가 완전히 사라졌다. 기업들끼리 서로를 못 믿는 풍조가 팽배해 있다. 따라서 어음할인을 활발하게 해주는 정책을 펼 것이 아니라 어음발행을 줄일 수 있는 정책이 필요하다.

이 어음정책이 살아 있는 한 불경기가 다시 오면 벤처업체들의 연쇄부도는 불 보듯 뻔하다.

경기가 살아나고 있을 때는 장기어음의 위험성을 잘 느끼지 못한다. 그러나 불경기에는 사태가 급변하게 된다. 때문에 벤처기업의 비즈니스를 장기적으로 안정시키려면 지금 당장 어음제도를 전면적으로 개선하는 것이 바람직하다.

더욱이 지금 추진 중인 벤처기업 지원정책이 건실하고 유망한 중소기업 제조업체들의 투자의욕을 꺾는 걸림돌이 될 수 있다는 점도 확실히 개선해야 할 사항이다.

4. 이런 벤처는 사라진다

요즘 일본에서는 경기논쟁이 한창이다. 이 논쟁에서 일본측의 주장은 간결하다. 미국의 신경제는 이제 천장을 쳤고 일본의 경제는 바닥을 쳤다는 것이다. 곧 일본의 경제는 다시 살아나고 미국의 경제는 버블이었음이 증명된다는 얘기다.

이제 일본은 IT 분야에서 시작된 경기가 자율적으로 회복한다는 전망이 우세하다. 이에 따라 일본의 후지(富士), 다이이치칸교(第一勸業), 산와(三和) 등 9개 회사는 2000년 내에 6,300억 엔을 IT 분야에 투자하기로 했다.

특히 이들은 앞으로 3년 안에 1조 9,000억 엔을 IT 분야에 투자하기로 했다. 이는 IT가 일본 경제를 살리는 바탕이 될 것으로 확신하고 있기 때문이다.

미국의 경기를 주도한 것은 네트(net) 관련 분야이고, 일본의 경기를 회복하게 한 건 IT라고 보고 있다. 이에 비해 한국의 경기를 회복시켜준 건 벤처다.

1. 미국 경기 : 네트 분야 주도
2. 일본 경기 : IT 부문 회복
3. 한국 경기 : 벤처 활기

현재 한국에서 사용되는 용어인 벤처는 미국에서 처음 생겨난 것이지만, 이것이 첨단산업 전반으로 지칭된 것은 일본에서였다. 그래서 일본에서도 벤처는 일제영어〔和製英語〕라고 지적한다.

이 일제영어가 한국에 와서는 더욱 폭넓게 사용되고 있다. 그렇지만 한국의 벤처는 IT보다는 네트에 더 가까운 편이다. 따라서 미국의 거품이 걷히면 한국은 직격탄을 맞을 수밖에 없다.

이미 한국은 벤처 열풍으로 거품의 우려가 높다. 한국에서는 지난 2년 간 5,000여 개의 벤처기업이 창업됐다. 코스닥에 현재 500개 가까운 기업이 상장됐고 500여 업체가 등록을 기다리고 있다.

고용 면에서도 20만 개 이상의 일자리가 창출된 것으로 본다. 정부주도로 약 30조 원에 이르는 엄청난 재원이 이미 투입됐거나 차례를 기다리고 있다.

그러나 미국 신경제의 거품이 걷히면서 이러한 열풍이 수그러들면 한국은 연착륙이 불가능해진다. 한국 벤처의 기초적인 문제점은 너무 정부차원에서 이를 부추겼다는 점이다. 앞 장에서 미국과 일본의 사례를 보았듯이 정책 벤처에는 한계가 있다.

한국의 벤처 육성은 당초 창업을 촉진시키겠다는 취지에서 출발했다. 그러나 이는 곧 바뀌고 말았다. 제5공화국 때의 유망중소기업 발굴과 비슷한 차원에서 추진되고 말았다.

왜냐하면 창업만을 지원하려다 보니 자격미달 업체가 너무 많은데다 벤처지원 실적이 너무 미미해 이 문제를 해소하기 위해 마련된 대책이 기존 우수 중소기업을 벤처기업으로 전환시켰던 것이다.

이 시책은 모든 중소기업들이 벤처로 옷을 갈아입게 하는 붐을 일으키게 만들었다. 그러나 따져보면 이건 또 하나의 행정절차를 거치도록 만든 것과 다를 바 없다. 기존 기업이 벤처로 지정되는 과정에서 스스로 사업내용을 바꾼 기업은 거의 없다. 다만, 벤처 규정에 적합한 서류를 장만하기에 바빴다. 이는 사실 ISO 9000시리즈를 획득하게 하는 것보다 실제 경영에는 큰 영향을 주지 못한 것이었다.

그렇지만 기존 중소기업들로서는 이를 따르지 않을 수 없었다. 이 벤처 자격을 얻지 못하면 정책금융 대출을 제대로 받을 수 없었기 때문이다.

정부는 이 과정에서 벤처 캐피털들의 투자자금 상환을 쉽게 하고 일반투자자의 벤처 투자를 촉진시키기 위해 과감한 정책을 폈다. 바로 벤처 기업의 코스닥(KOSDAQ)등록요건을 완화해준

것이다. 코스닥 등록요건을 대폭 완화해주는 반면, 벤처에 해당하는 '업종(業種)'은 강도 높게 규제했다.

이는 앞뒤가 뒤바뀐 것이다. 벤처기업이 되는 것은 어떤 업종이든 가능하게 하고, 코스닥 등록요건은 일정 수준을 갖춘 기업에게 문을 열었어야 옳다. 당초 벤처기업의 코스닥 등록요건은 다음과 같다.

- 설립경과 연수 : 면제
- 자본금 : 면제
- 매출액 : 면제
- 재무내용 중 부채비율 : 동업계의 두 배 미만
- 이　익 : 면제
- 자산가치 : 면제
- 수익가치 : 면제
- 주식분산 : 등록할 때 25명 이하의 소액주주에게 5% 이상 공모하거나, 입찰 또는 300인 이상의 소액주주에게 등록 후 추가 분산

일반기업이 코스닥에 등록할 수 있는 요건에 비해 너무나 쉽도록 돼 있다. 이 같은 등록요건은, 벤처주식에 투자하려는 사람이 많은 지금 상황에서 본다면 큰 문제가 되지 않는다.

그러나 약간의 거품만 걷혀도 이는 걷잡을 수 없는 추락현상으로 이어질 것이다. 벤처기업들도 주식 상장으로 돈을 벌기에 급급

하다. 더욱이 주식값이 조금만 오르면 액면분할로 다시 투자자들을 유혹한다.

이에 비해 일반 기업은 설립경과 연수가 3년 이상이어야 한다. 자본금도 납입자본금이 5억 원 이상이어야 하며, 부채비율도 동일 업계 평균보다 1.5배 미만이어야 하고, 이익도 최근 연도에 영업이익과 당기순이익을 올려야 한다. 주식가치의 자산가치도 액면가 이상이어야 하고 수익가치도 역시 액면가 이상이어야 한다.

일반기업들은 이렇게 까다롭다. 말하자면 아시아나 항공 정도는 돼야 등록할 수 있는 것이다. 주식분산도 일반 요건은 ① 등록할 때 50인 이상의 소액주주에게 10% 이상 공모, ② 매출 또는 입찰방법으로 분산, ③ 소액주주에게 15% 이상이나 50만 주 이상 분산, ④ 등록 후 1년 이내 5%, 2년 이내 10% 추가분산 등 조건을 갖춰야 한다.

면제조건이 많은 벤처기업의 등록요건은 결국 투자유의 종목을 양산하고 말 것이다. 이미 많은 투자유의 종목을 낳기 시작했다. 여기에 나오는 벤처기업들의 이름을 보면 한결같이 낯익은 기업들이다. 한때 첨단기술을 자랑하며 신문지상이나 TV에 오르내리던 기업들이다. 그렇게 첨단기술을 자랑하던 기업들이 어떻게 투자유의 종목으로 지정되고 말았을까?

벤처기업도 일반 기업과 마찬가지로 상품을 만들어서 시장에 내다 팔아야 한다. 벤처기업이 만든 물품이 날개 돋친 듯 팔려야 이 기업의 주식가치가 오른다. 그러나 최근 벤처기업의 가치는, 수요자들이 그 기업의 상품이나 서비스를 선호해서가 아니라 코스닥에서 투자자들이 몰리는 덕분에 얻어진 성과다.

더 큰 문제는 정부 및 지방자치단체가 공공 벤처펀드를 경쟁하듯 추진하고 있는 점이다. 이는 정부가 1조 원 규모의 벤처투자기금을 조성하겠다고 발표한 데 근거를 둔 것으로 보인다. 정부의 공공펀드 조성은 민간참여를 통한 공동펀드 형태를 취하고 나중에 경영을 민간에 맡길 방침이다.

그러나 앞에서 지적했듯이 이런 방식의 관제 벤처는 오래 가지 못한다. 수요자들이 없는 벤처는 주식을 증자해 당분간 자금을 조달하는 데에는 성공할 수 있지만 결국 부도를 내고 만다.

자본시장에서의 주식가치에만 관심을 두고 있던 벤처기업들은 이제 곧 줄줄이 어려움 속으로 빠져들어갈 것이다. 수요자가 등을 돌리는 바람에 망해가는 벤처기업은 국가의 정책으로도 막을 길이 없다.

제7장

에코 크레비즈에 주목하라

1. 정맥 비즈니스가 부상한다

순환형 사회가 왔다
이제 '3R'는 문화다
다섯 가지 정맥산업

컨테이너 122개 분량을 실은 화물선 '팔서 호'가 도쿄 항에 도착하자 각 언론사에서 취재경쟁을 벌인 적이 있다. 2000년 초의 일이다. 이 화물선의 컨테이너 속에는 수입물품이 아닌 쓰레기들이 들어 있었기 때문이다.

이 쓰레기는 도치키현에 있는 산업폐기물처리업체인 닛소가 주사침 등이 들어 있는 산업폐기물을 헌종이〔古紙〕라고 속여 필리핀으로 수출했다가 발각되자 이를 다시 싣고 돌아온 것이었다.

일본은 2000년 들어 "순환형 사회가 열렸다"라고 선언했는데, 곧이어 이런 사건이 터져 많은 사람들을 당황하게 만들었다.

순환형 사회(循環型社會)란 한 번 생산된 제품이 그 생명력을 잃지 않고 계속 다시 쓰일 수 있도록 하는 사회를 뜻한다. 이를 위해 일본이 '순환형사회기본법'을 만들고 3조 엔에 이르는 '순환예산(循環豫算)'을 실천하려는 시점에서 이런 사건이 일어난 것이다.

자국의 폐기물을 다른 나라로 실어보내는 방식의 폐기물 처리는 국제협약에 의거해 강력히 규제되고 있다. 지난 1992년 5월부터 발효된 이 협약은 보통 '바젤조약'이라고 부른다. 스위스 바젤에서 맺어진 조약이란 뜻에서 그런 이름이 붙었지만, 정식 명칭은 '유해폐기물의 국경 이동 및 처분규제에 관한 조약'이다. 이미 일본·한국 등 120개 국이 가입해 있다.

바젤조약의 내용을 보면 구리화합물을 비롯해 아연화합물, 비소·안티몬·유기시안화합물, 할로겐화, 유기용제 등 유해물질과 폭발성·인화성·산화성 등 유해 특성을 가진 폐기물은 마음대로 수출입할 수 없도록 규제하고 있다. 때문에 이들을 처리하거나 재사용할 수 있는 분야는 새로운 비즈니스로 떠오를 수밖에 없다.

지금까지 우리는 TV, 세탁기, 냉장고, 에어컨 등 가전제품을 대량생산하고 대량소비했다. 이런 대량생산체제는 동맥을 통해 소비자에게 제품을 대량으로 공급하는 동맥(動脈)산업만 육성시켰다. 그러나 이제 소비한 제품을 처리할 수 있는 분야가 중요하게 됐다.

정맥산업이 새로운 크레비즈로 부상하게 됐다.

정맥(靜脈) 비즈니스가 새로운 산업으로 부상한 이유는, 그 동안 우리의 생활을 편리하게 해주던 물건들이 우리의 환경과 지구를 파괴하는 물품으로 떠올랐기 때문이다. 이를 막을 수 있는 길은 바로 '3R'를 실천하는 것뿐이다.

1. 리듀스(reduce) : 폐기물의 발생 억제
2. 리유즈(reuse) : 제품의 재사용
3. 리사이클(recycle) : 재상품화

앞으로 이 3R운동은 중고품 재활용센터를 비롯해 재상품화 산업을 부채질할 전망이다. 물론 이를 위한 관계법도 곧 마련될 것이다.

현재 일본에서는 에어컨, TV, 냉장고, 세탁기 등 네 가지 품목에서만 연간 트럭 약 1,800만 대 규모(약 65만t)가 폐기되고 있다. 이들 중 일부 금속만 회수되고 대부분이 매립된다.

이 같은 문제점을 해결하기 위해 일본은 '특정가정용기기재상품화법(特定家庭用機器再商品化法)'을 제정하고 2001년 4월부터 본격 시행할 계획이다. 이 법률이 정하는 재상품화는 상품의 해체·분해를 통한 재활용 방안을 중점으로 한다.

4대 가정용 기기의 재상품화 방법은 다음과 같다.

• 에어컨 : 냉매·오일의 회수

콤프레서의 별도 처리
열교환기의 분리
(재상품화기준율=60%)

•ＴＶ : TV의 해체
브라운관의 별도 처리
배선기판(PCB)의 처리
(재상품화기준율=55%)

• 전기세탁기 : 모터의 별도 처리
(재상품화기준율=50%)

• 냉장고 : 크롬과 오일 회수
컴프레서 별도 처리
(재상품화기준율=50%)

이들 4대 품목에서 회수정책을 펴자 컴퓨터 업계에서도 스스로 재상품화를 위한 대책을 마련하기 시작했다.

일본 전자공업진흥협회에 속해 있는 도시바 등 22개 컴퓨터 제조업체들은 최근 컴퓨터의 리사이클을 위한 행동계획을 발표했다. 이들은 가정에서의 인터넷 활용 증가에 따라 컴퓨터 폐기물이 갈수록 늘어날 것에 대비, TV 등과 같은 수준의 3R운동을 스스로 펴기로 한 것이다.

이런 3R를 추구하는 순환형 문화는 앞으로 새로운 크레비즈를 창출하게 된다. 순환형 문화가 만들어내는 정맥 비즈니스 분야는 다음과 같다.

- 리사이클 용품 거래 및 수집
- 재상품화를 위한 해체
- 재상품화를 위한 파쇄 및 분리
- 철 · 알루미늄 · 동 · 유리 등 재생원료의 활용
- 크롬의 회수 및 비크롬 개발

미국 항공우주국(NASA)과 일본의 기상청이 분석한 자료에 따르면 지난 20년 간 지구 성층권에 있는 오존층이 엄청나게 파괴됐음을 알 수 있다. 이미 남극 상공에는 오존층에 구멍이 뚫렸으며, 북극에도 오존층이 얇아지고 있음이 확인됐다.

이 오존층이 파괴되면 지표에 유해한 자외선이 증가해 피부암을 일으키게 되고 생태계에도 악영향을 미치게 된다. 전문가들은 이런 오존층을 파괴한 주범으로 냉장고 및 업무용 냉동공조기기에서 냉매로 사용된 크롬을 지적한다.

이 크롬이 들어 있는 냉매인 CFC는 이미 1995년부터 사용할 수 없게 됐으나 회수 문제가 골칫거리로 남아 있다.

그러나 CFC의 대체품으로 나온 HCFC도 CFC보다는 미약하지만 오존층을 파괴하는 물질이 내포되어 있다. 따라서 오는 2020년까지는 원칙적으로 HCFC의 사용도 금지할 방침이다. 앞으로

하이드로크롤로 카본(HFC)으로 전량 바꿔나가야 한다.

따라서 앞으로 '지구를 보호하자'는 문화와 나 혼자만 시원한 에어컨을 쓰려는 수요가 서로 부딪치게 될 것이다.

결국 지구를 보호하자는 문화법칙이 일시적 경제법칙을 이기게 될 것이다. 따라서 정맥산업은 뚜렷한 성장세를 보일 것으로 예상된다.

2. 환경 크레비즈를 찾아서

◀ ---

다양한 환경 비즈니스

폐기물처리 분야의 부상

--- ▶

최근 일본의 야마하 발동기(發動機)는 환경에 영향을 미치는 가스히트펌프(GHP) 사업을 축소했다. 이와 함께 이륜 및 소형 엔진 사업도 환경기술을 강화하는 방향으로 구조개혁을 하기로 결정했다.

일본의 다이베요(太平洋)시멘트는 신문과 잡지 등 헌 종이를 원료로 무게가 가볍고 강도가 높은 건자재를 생산하는 데 성공했다. 이 회사는 도쿄 히노데마치에 있는 공장에 플랜트를 건설해 2000년 4월부터 본격 생산에 들어갔다. 이 건자재는 인체에 유해한 물질을 발생하지 않는데다 가격도 MDF와 비슷한 수준인 것으로 밝혀졌다.

NKK와 신일본제철 등 철강 대기업들은 철강포장에 사용되는 플라스틱을 재이용하는 설비를 갖추기로 했다. 먼저 NKK는 현재 가와사키시에 있는 게이힌(京浜) 제작소에 폐플라스틱을 파쇄, 처리해 코크스의 대체연로로 사용키로 했다. 처리량은 연 4만t 규모다.

신일본제철도 2000년 하반기부터 포장 플라스틱을 처리하는 시스템을 갖추는 등 철강업계는 오는 2010년까지 연간 100만t의 폐플라스틱을 자원화할 방침이다.

요즘 이들 기업처럼 3R를 기업경영에 직접 도입하는 기업이 갈수록 늘어나는 추세다. 특히 일본은 오는 2000년 4월부터 '용기포장에관한분별수집및재상품화촉진에관한법률(이른바 포장용기리사이클법)'이 본격 시행되면서 이에 대한 대처방안이 시급하게 됐다. 포장용기에 대해 이런 특별법을 만든 이유는 포장용기 폐기물 용량이 일반폐기물 전체의 56%를 차지하는데다 중량 면에서도 23%나 점유하는 데 따른 것이다. 이 법률은 플라스틱 · 유리병 · 종이 · 금속 등을 이용해 포장을 하는 기업에 대해 재상품화 의무량을 규정하고 있다.

사실 포장용 폐기물 관리 측면에서 본다면 한국도 일본에 못지 않게 엄격하다. 일본은 슈퍼마켓에서 여전히 비닐 포장을 해준다. 대형 백화점에서도 비닐 포장 팩을 사용할 수 있다. 일본은 아직 리사이클에 중점을 두는 데 비해 한국은 리듀스에 중점을 두는 편이다.

그러나 한국의 경우 기업에서 나오는 산업폐기물 처리에 대해

서는 문제점이 너무나 많다. 산업 폐기물 관리의 문제점은 다음
세 가지다.

1. 산업 폐기물의 급증
2. 최종 처리장의 부족
3. 불법투기의 증가

이 세 가지 문제를 정부에서 다 처리해낼 수는 없다. 당연히 민
간사업자들이 이들 사업을 직접 처리해야 하는 단계를 맞게 될 것
이다.

특히 아직 상용화되지 않은 특수관리 폐기물 처리방식을 개발
하는 것은 새로운 산업 분야로 떠오를 것이다. 우리가 한시바삐
해결해야 할 특수관리 폐기물은 다음과 같다.

- 폐유 : 인화점 섭씨 70℃도 미만의 유류
- 폐산(廢酸) : 수소이온 농도지수(pH)가 2.0 이하인 폐산
- 폐알칼리 : pH가 12.5 이상인 폐알칼리
- 감염성 폐기물 : 혈액, 사용한 주사침 등 감염성 폐기물
- 폐PCB오염물 : PCB 및 PCB에 오염된 종이와 플라스틱
- 폐석면 등 : 건물 철거 때 날리는 석면과 석면보유 보온재
- 중금속 등 : 수은 · 납 · 카드뮴 등

이들 일곱 가지 폐기물을 처리하는 기술 개발이야말로 신산업의 최대 과제 중 하나다. 특히 이들을 포함해 공기와 수질을 오염시키는 화학물질을 처리하는 분야는 지구경제학 측면에서 앞으로 중요한 산업으로 부상하게 된다.

그래서 생겨난 것이 다이옥신 등 화학물질의 배출량과 이동량을 관계기관에 신고하는 것을 의무화하는 화학물질 등록(Pollutant Release & Transfer Register : PRTR) 제도다. 이 PRTR는 ① 연소계 유기용제, ② 유산 니켈, ③ 아세트알데히드 등 세 가지로 나누어 억제정책을 펴고 있다. 이들 화학물질을 해결할 수 있는 비즈니스는 다음 세 가지로 압축된다.

• 장치의 개선 : 세정물의 반입·반출부에 후드나 챔버 설치
　　　　　　　풍량조절 댐퍼 설치
　　　　　　　냉각능력의 증강
　　　　　　　밀폐형 증기세정장치 개발
　　　　　　　진공세정 장치의 개발 및 설치

• 용제의 회수 : 활성탄 흡착장치의 개발 및 설치
　　　　　　　압축 냉각용제 회수

• 세정제의 개선 : 대체세정제의 개발 및 전환
　　　　　　　무세정제화(無洗淨劑化)의 연구

　화학물질 관리에 관한 비즈니스는 이 분야에 어느 정도 전문지식을 갖춘 사람이 참여하기에 적합하다. 그러나 순환형 사회가 눈앞에 다가온 현실에서 이 분야의 크레비즈를 그대로 방치할 수는 없다. 이 분야에 관심이 있는 사람이라면 누구라도 3R 시대에 맞는 크레비즈를 창조할 수 있을 것이다.

3. 이코노미보다 에콜로지

비용을 들일수록 덕본다

환경회계 공개시대

기업들은 이제 '환경회계'를 별도로 산정해봐야 한다. 환경비용이 전체 원가에 미치는 영향이 만만치 않기 때문이다.

최근 일본의 소니가 만든 환경비용 조사표는 여섯 가지 부문을 다루고 있는데, 이 회사가 밝힌 환경비용 기준은 다음과 같다.

1. 공해방지 비용
    －대기오염 비용
    －수질오염 비용
    －소음 · 진동 비용

2. 환경부하 삭감비용
  −에너지 절약
  −폐기물 처리
  −리사이클 촉진
  −오염물 대책(오존층 파괴 방지 등)
  −자원절약(물 · 연료 등)

3. EMS관련 비용
  −ISO 14000시리즈 취득 · 유지
  −환경교육, 사원교육
  −환경관리 사무국 운영

4. 정보공개 사회공헌 비용
  −공장의 환경 리포트 작성
  −PRTR 관련 비용
  −녹화 등 지역환경 공헌 비용

5. 리스크 관련 비용
  −리스크 매니지먼트를 특화하는 교육훈련비
  −보수비용, 공해관련 소송비용

6. 그린 구입 비용−소비자들의 환경제품 선호

이는 내부 경영을 하는 데도 중요하지만 각종 리사이클 법률의 제정으로 재활용 내용을 신고해야 하는데다 대외적으로 소비자단체 등에 그 비용을 공개해야 한다. 특히 화학물질은 화학물질관리 촉진법에 의거해 PRTR제도를 지켜야 소비자의 호응을 얻을 수 있다.

이 순환형 사회에 적응하려면 역시 환경 매니지먼트 시스템 (EMS)을 선택하는 것이 바람직하다.

지금까지의 경영 매니지먼트 시스템인 ISO 9000시리즈는 꼭 지켜야 하는 사항은 아니었다. 이는 선택사항이었다. 그러나 환경 부문은 이제 '하지 않으면 안 된다(shall)' 라는 조항이 늘어났다. 이에 따라 앞으로는 환경에 신경을 쓰지 않는 기업은 살아남지 못하게 됐다. 왜냐하면 환경점수가 낮은 기업의 제품은 소비자들로 부터 외면받기 때문이다.

드디어 기업들도 ISO 14000시리즈에 대한 중요성을 인식하기 시작했다. ISO 14000은 그 동안 나라마다 다르게 운영되어온 환경관리 기법 및 체제를 통일하기 위해 제정된 환경경영관련 국제 규격이다. 기업 스스로 환경관리를 할 수 있는 조직을 만들어 환경관리 기술을 향상시켜나가는 것을 목적으로 한다.

이는 조직 환경관리와 제품 환경관리로 나누어진다.

환경경영시스템(EMS), 환경감사(EA), 환경성과평가(EPE)
는 조직 환경관리에 속하며 환경라벨링(EL), 전과정평가(LCA),
환경친화적 제품설계(DfE)는 제품환경관리에 속한다. 또 조직과
제품 환경관리에 공통으로 적용되는 용어 및 정의(T&D)항목도
있다. ISO 14001은 EMS규격을 의미하며, 이를 제외한 나머지
ISO 14000시리즈는 모두 지침 형태로 돼 있다.

이젠 LCA는 물론 DfE나 EL, 즉 제품의 환경성 정보를 제공하
는 규격 기준에 대해서도 관심을 둬야 할 때다. LCA는 원료의 추
출에서 폐기물의 최종처리에 이르는 전 과정에서 환경에 미치는
영향을 평가하고 개선하는 것이다.

환경에 대한 인식이 날로 높아가는 세계시장에서 경쟁력을 확
보하려면 하루속히 LCA를 도입해 환경친화적인 제품을 생산해
야 한다. 환경친화제품을 만들려면 비용은 더 들어가지만, 수요를
훨씬 더 많이 창출할 수 있다. 따라서 경제보다 환경생태를 선택
하는 것이 바람직하다.

현재 국제표준화기구(ISO)에서 추진 중인 환경 시리즈를 보면
크게 여섯 가지로 나뉜다.

- SC1 환경 매니지먼트 시스템 : 14001
- SC2 환경감사 : 14010s
- SC3 환경 퍼포먼스 : 14031s
- SC4 라이프사이클 어세스먼트 : 14040s
- SC5 환경 레이블 : 14010s

일본에서는 2000년대 들어 정기적인 환경보고서를 내는 기업이 크게 늘고 있다. 그만큼 고객들의 제품 선택 성향이 바뀌었기 때문이다.

기업은 소비자의 성향에 영향을 받지 않을 수 없게 됐다. 2000년 3월 마쓰시타전기가 실시한 소비자 여론조사 결과에 따르면 환경에 배려한 제품임을 알리는 스티커에 대해 알고 있는 사람은 조사대상의 10%에 지나지 않았다. 그러나 상품을 구입할 때 이를 고려하겠다고 대답한 사람은 전체의 90%에 달했다.

과거에는 외부의 시선을 의식해 환경에 대한 배려를 했지만, 이제는 기업이 살아남기 위해서는 불가피하게 된 것이다.

환경경영의 필요성을 가장 절감하고 있는 곳은 자동차업계다. 이는 업계의 판도를 뒤집을 만큼 파격적인 영향을 발휘한다. 21세기에 세계적으로 생존할 자동차회사는 5~6개에 불과할 것이라는 전망이 지배적이다. 여기에 포함되려면 환경대응형 자동차를 먼저 개발하는 게 중요하다고 업계는 생각한다.

현재의 내연 엔진 자동차는 시장이 축소되고 앞으로 3년 이내에 연료전지 자동차가 현실화할 것으로 예측하고 이미 시제품들을 선보이고 있다. 그러나 환경대응형 자동차에 대한 과감한 투자가 쉽지는 않다.

닛산자동차는 한 해 600억 엔의 투자비가 필요한데, 이는 전체 연구개발비의 3분의 1에 해당하는 액수라고 지적한다. 그럼에도 불구하고 환경관리 바람은 연료전지 자동차의 출하를 앞당길 것으로 전문가들은 분석한다. 연료전지는 물의 전기분해 역화학 반응을 이용해 수소와 산소에서 전기를 발생시키는 기술이다. 즉 연료가 수소여서 지구상에 무한히 널려 있는 연료라고 할 수 있다.

〈니혼게이자이신문〉의 조사에 따르면 이 연료전지 자동차는 2010년에 이르면 폭발적인 수요를 불러올 것으로 전망된다.

이와 같은 환경친화적 문화는 수소 에너지를 활용하는 수요를 불러일으켜 앞으로 '수소사회(水素社會)'를 앞당길 것으로 분석되고 있다. 이미 미국의 재생가능에너지연구소(NREL)가 태양광을 수소에 변환하는 전해 에너지의 효율을 높이는 데 성공하기도 했다.

후지전기종합연구소, 히타치제작소 등도 이 수소 에너지 사업에 참여했다. 장기적인 측면에서 볼 때 수소사회는 공해를 일으키지 않는 에너지로 새로운 크레비즈를 일으키는 중요한 변수로 작용할 것임에 틀림이 없는 듯하다. 이 밖에 미래 환경 분야에서 새로 부상할 에코 크레비즈는 다음과 같다.

1. 이산화탄소 고정 · 분리 · 처분사업
2. 의료폐기물 분리 처리
3. 초임계(超臨界)의 물을 이용한 배수처리
4. 생분해성 플라스틱 개발
5. 가스 용해로 등 리사이클 소각로

제8장

벤처의 제4물결

크레비즈

1. 청바지의 온고지신

미국의 〈포천(Fortune)〉지는 최근 세계적인 청바지업체인 리바이스의 점유율이 크게 감소한 내용을 기획취재로 다룬 적이 있다. 포천은 이 기사에서, 리바이스의 매출하락은 최고경영자의 판단 잘못이 크다고 분석했다.

그 지적은 맞다. 그러나 청바지가 지금과 같은 영광을 누리게 된 것은 경영자의 능력 덕분만은 아니다. 청바지의 판매에는 입기에 편하다는 기능보다 문화가 더 큰 영향을 미친 것이다.

청바지가 어떻게 세계적인 선풍을 일으키게 됐는지 알아보자.

1848년 1월 24일의 일이다. 미국 캘리포니아에서 목수일을 하던 마셜은 비가 역수같이 내리는 날 아침, 방수로 밑에서 모래알

크기의 금속을 한웅큼 발견했다. 그는 금일지도 모른다는 생각에 이를 움켜쥔 채 그 빗속을 달렸다.

마셜은 숨을 헐떡이며 이 모래알들을 제재소 주인 존 오거스트 사타에게 내보였다. 마셜의 손바닥을 내려다보던 사타의 눈이 휘둥그레졌다.

두 사람은 서둘러 문을 잠그고 약제사용 작은 저울로 비중을 조사하기 시작했다. 잠시 후 사타가 외쳤다.

"이건 금이야!"

캘리포니아의 시에라네바다 산맥 기슭에서 황금이 발견되는 순간이었다. 사타는 원래 스위스 태생으로 미국에 건너와 여러 가지 장사를 하다가 멕시코 영토이던 캘리포니아로 이주해 지주가 된 사람이었다.

두 사람은 황금 발견을 비밀에 붙이기로 했으나 이 비밀은 1주일도 되지 않아 소문이 꼬리를 물고 퍼지기 시작했다. 캘리포니아 전역에 황금 소문이 퍼져나갔다. 군인들도 병영을 뛰쳐나와 시에라네바다로 황금을 찾아 나섰다.

이 바람에 사타 제재소 인근은 곧 미국령이 되었다. 이 소문이 동부로 퍼지면서 이 곳 사람들을 들뜨게 했다. 연말이 되어 제임스 포크 미국 대통령은 의회에서 공식 발표를 했다. "소문이 거짓말이라고는 할 수 없다." 이 발표는 동부 사람들의 가슴에 불을 질렀다.

"가자, 서부로."

콜럼버스가 신대륙을 찾아온 것이 바로 황금을 얻기 위해서였다. 콜럼버스가 미국 대륙을 찾아나선 대장정의 모험을 세계 최초의 벤처로 보고 있지만, 황금을 캐는 측면에서는 실패한 벤처였다. 그러나 이번에는 진짜 황금을 찾아낸 사람이 있다니 모험을 하지 않을 수 없었다.

1849년은 이른바 골드러시(gold rush)의 해였다. 이 한 해 동안 10만 명 이상이 일확천금의 벤처를 꿈꾸며 서부로 향했다.

이들을 1849년에 떠난 사람들이라고 해서 포티나이너스(49ers)라고 부른다. 샌프란시스코의 미식축구 이름이 포티나이너스인 것도 바로 여기에서 연유한다.

이들은 포장마차를 타고 미국 중앙을 횡단했다. 이들이 건너야 하는 길은 약 3,200㎞나 되었다. 이들은 미주리 주 세인트 조지프에서 마차를 구해 엽총·도기·수리도구 등을 챙겨 떠났다.

한 해가 지난 뒤인 1850년 스물한 살 젊은 나이에 샌프란시스코에 나타난 청년이 있었다. 그의 이름은 리바이 스트라우스였다. 그는 황금을 캐서 백만장자가 되는 것이 아니라 옷을 맞춰주는 양복점을 차려 돈을 벌기 위해 서부로 왔다.

행상을 하던 그는 샌프란시스코에 도착하자 의복점을 차렸다. 스트라우스보다 먼저 서부에 도착한 그의 형제들은 의복점 개업을 축하한다는 뜻에서 그에게 천막에 쓰이는 조크천 몇 필을 선물했다.

그는 선물받은 조크천을 이용해 돈 벌 궁리를 요모조모 해봤다. '그래, 이걸로 포장마차 덮개나 천막을 만들어 팔면 되겠구나.'

그가 조크천을 재단하고 있을 때 광부 한 사람이 바지를 사러 찾아왔다. 그 광부는 그를 쳐다보다가 불쑥 이렇게 말했다.

"그 천으로 바지를 만들어 팔면 튼튼하고 질겨 잘 팔릴 텐데…"

그의 한 마디가 리바이의 생각을 바꾸었다. 그는 곧바로 그 광부에게 조크 바지를 만들어주었다. 이 바지야말로 청바지의 원조가 된 것이다.

광부가 이 바지를 입자 대단한 호응을 얻었다. 골드 러시 붐을 타고 청바지는 작업복의 대명사가 됐다. 이 작업복의 이름은 리바이의 이름을 따서 리바이스(Levis)라는 브랜드가 붙여졌다. 스트라우스는 서부에서 금을 찾아내지는 못했지만 청바지로 거부가 됐다.

금을 캐러 나선 광부들을 벤처라고 한다면, 청바지를 만든 스트라우스는 크레비즈인 셈이다.

스트라우스는 벤처에 몰리는 문화를 최대한 활용해서 큰돈을 벌었다.

이 청바지는 뒤에 재단사 제켄 데이비스의 아이디어로 호주머니에 구리 버클을 박은 튼튼한 작업복으로 개선되었으며, 천도 데님이란 것으로 바뀌었다. 허리춤에 새끼주머니를 만든 건 금조각을 넣도록 고안된 것이었다.

처음에는 청바지란 기능성이 중요했다. 광부에 이어 카우보이들이 입을 때까지만 해도 청바지는 세계적인 옷이 아니었다. 그러나 청바지가 가장 국제적인 복장이 된 건 1960년대와 1970년대 당시의 새로운 문화와 만나면서부터였다.

이 청바지는 젊은이들의 반항과 청년문화를 상징하면서 유행처럼 전세계에 번져나갔다. 물론 청바지의 기능성도 상품에 상당히 영향을 미쳤겠지만, 돈이 없어 청바지를 입기보다 그것이 상징하는 문화를 즐기기 위해서였다.

더욱이 동유럽과 러시아가 개방되면서 청바지는 개방의 상징이 되었다. 아직도 북한에서 청바지를 입지 못하게 하는 이유도 청바지란 옷이 나쁘기 때문이 아니라 이런 개방문화를 두려워하기 때문이다.

옷의 기능에 첨단기술을 활용한 것도 일부 있겠지만, 이런 시장을 창출한 건 기술이 아니라 문화의 힘이었다. 청바지를 세계적인 옷으로 만들어낸, 이와 같은 사례에 비추어볼 때 한국에서 앞으로 크레비즈가 성장·발전을 하려면 몇 가지 사전 대비책이 필요할 것 같다.

현재 벤처업종 지원에 청바지 판매업은 정책지원을 받지 못한다. 사실 전세계 시장을 개척할 수 있는 품목 중에는 첨단기술 품목이 많지만, 첨단이 아니라 문화 품목도 세계시장을 바꿔놓을 수 있다. 따라서 이제 특정 업종을 지원하는 정책만큼은 과감히 떨쳐버려야 한다.

전혀 창조적인 생각을 갖고 있지 않은 사람들이, 그 산업이 일어나기도 전에 법규정으로 정해놓고 살아남지 못하게 하는 것은 정말 어리석은 일이다. 이미 우선육성업종 지정 등의 과정을 통해 이런 정책의 잘못을 수없이 봐왔으면서 또다시 이런 정책을 펴는 것은 국가적 손실이 아닐 수 없다.

물론 규제를 많이 해야 공무원의 할 일도 늘어나고 접대를 받을 일도 많아질 것이다. 그렇지만 비즈니스를 하겠다는 사람에게 일일이 규제를 가하고 법으로 막는 것은 엄청난 낭비다.

일부 유해산업에 대해서는 규제할 필요가 있긴 하다. 그러나 네덜란드의 경우를 보라. 마약조차 풀어놓으니 마약중독자가 오히려 줄어들고 있지 않은가.

사실 네덜란드와 독일의 관계는 한국과 일본의 관계와 비슷하다. 서로 이웃에 있는 것이나 국가 경제단위 등도 비슷하다. 그러나 네덜란드는 한국과 다른 점이 하나 있다. 독일의 문화를 따라갈 생각을 하지 않는다. 독일이 경제적으로는 좀 우위에 있긴 하지만 네덜란드처럼 개방적이고 활기찬 문화는 없다고 생각한다.

네덜란드야말로 크레비즈 시대의 전형적인 문화, 즉 개별화 · 개방화 · 미락추구 등 세 가지 성향을 확실히 갖추고 있는 나라다.

네덜란드 사람들은 개인이 중심이 된 사회여서 스스로 책임을 진다. 이런 사회에서는 금기라는 게 적다. 규제하지 않아도 자신이 판단하고 행동한다. 때문에 개방을 두려워할 리가 없다.

미국만 탐구할 것이 아니라 네덜란드를 연구해볼 필요가 있다. 네덜란드처럼 되려면 가장 먼저 모든 부문을 개방해야 한다. 각종 경제규제를 전면 개방해야 한다. 더 시급한 것은 문화를 개방해야 한다. 일본 문화가 들어오는 것을 막지 말아야 한다. 과감히 풀어 보라. 네덜란드 사람들이 독일 문화를 결코 따라가지 않는 것처럼 한국도 일본을 결코 따라가지 않을 것이다.

지금과 같은 방식의 규제완화는 오히려 일본 문화를 경원하는 경향만 만들어낸다. 문을 완전히 열어주면 문화를 비교할 기회를 가져 이 문화부문의 투자도 늘어나게 마련이다. 이것이 크레비즈 를 일으켜 경제를 성장시키는 데도 큰 힘으로 작용할 것이다.

모든 정책을 네거티브에서 포지티브로 바꿔야 한다.

네거티브란 모든 것을 규제해놓고 그것을 풀어주는 제도를 말 한다. 포지티브란 모든 것을 풀어주고 그 중에서 꼭 필요한 것만 규제하는 것을 말한다.

네덜란드의 정책이 바로 포지티브 정책이다. 그러나 우리는 정 권이 바뀔 때마다 매번 '규제완화'를 입버릇처럼 외친다. 그러나 규제완화란 정말 네거티브 용어다. 규제를 조금이나마 풀어주겠 다는 뜻이다. 때문에 규제완화라는 용어가 계속 정치용어가 되는 한 경제발전은 늦어질 수밖에 없다.

기업도 마찬가지다. 학력제한·성별제한·자격제한 등으로 사 원을 모집하는 한 그 기업은 크레비즈 시대에 성장하긴 글렀다.

창의성은 학력이나 성적과는 별 상관이 없기 때문이다. 일본의 나가테크는 사원이 입사를 하면 그의 이력서를 태워버린다. 이 회사가 이력서를 태워버리는 건 학력·출신·전공 등 선입관념이 개인의 창의력을 방해하기 때문이다. 입사 순간부터 다양한 출신의 사람들이 각양각색의 컨셉트를 이끌어내야만 크레비즈를 창출할 수 있다.

앞으로는 다양한 문화를 포용할 수 없는 사회는 뒤지고 만다. 그런 문화 속에서는 청바지를 만들어봐야 광부들만 몇몇 입어보다가 슬그머니 사라지고 말기 때문이다.

이처럼 문화는 이미 경제의 핵심에 들어와 있다.

2. c-자본주의 시대

culture · create · concept · contents
c-비즈니스가 활짝 열렸다

벤처와 네트 시대의 비즈니스를 상징하는 용어는 e-비즈니스와 전자상거래(e-commerce)였다. 그러나 포스트 벤처(postventure)인 크레비즈 시대에는 e-비즈니스에서 c-비즈니스로, 나아가 c-캐피털리즘으로 상징화될 것이다.

여기에서 c가 상징하는 것은 크레비즈(crebiz), 문화(culture), 컨셉(concept), 창조(create) 등의 이니셜을 모두 나타내는 것이다.

이제 우리 앞에 다가온 c-자본주의를 살펴보기 위해 자본주의가 처음 발생한 시점으로 되돌아가 보자.

1620년 102명의 영국인들이 포도주를 운반하던 배를 타고 미국

대륙으로 향해 떠났다. 메이플라워(Mayflower)라는 이름의 이 배에 탄 사람들은 한결같이 잉글랜드에 살던 청교도(protestant)들이었다. 이들은 영국왕 제임스 1세의 청교도 압박에 못 이겨 신대륙에서 새세상을 개척하고자 나선 사람들이었다.

석 달 뒤 이들은 매사추세츠 연안에 도착했다. 이들 일행은 신대륙에 정식으로 닻을 내리기 전인 11월 11일 메이플라워 호 선상에서 몇 가지 서약을 했다. 앞으로 신세계에 도착하면 청교도 정신에 따라 근검·절약·검소·청빈한 생활을 하자고 다짐했다.

이들은 도착 첫 해에 추위와 흉년으로 심한 고초를 겪었다. 그럼에도 불구하고 배 위에서 다짐한 서약을 꿋꿋이 실천했다. 검소하게 생활하고 기도하며 열심히 일했다. 이 때부터 청교도들을 따라 신대륙에 온 영국 동부지역에서 온 이민들은 대부분 이들의 생활방식을 따랐다. 힘써 일하면서 모은 돈을 함부로 쓰지 않았다. 덕분에 이들은 많은 부를 쌓기 시작했다.

앵글로색슨 청교도(WASP)들은 청빈한 생활을 하면서 더욱 부유해졌고, 결국에는 돈을 모아 대규모 투자를 할 수 있게 됐다. 영국이나 독일에 비해서는 늦었지만 공장을 짓고 철도를 건설할 수 있었다. 사회간접자본에도 투자할 수 있게 됐다.

독일의 사회학자 막스 베버는 현재 우리가 살고 있는 근대 자본주의의 뿌리가 여기에서 시작되었다고 주장한다. 그는 《프로테스탄티즘과 자본주의 정신》이란 책에서 자본주의 경제는 이 청교도 정신에서 비롯된 것이라고 지적한다.

그의 지적에 따르면 자본주의의 뿌리는 바로 청교도 문화

(puritan culture)에서 시작된 것이라고 할 수 있다. 그래서 지금도 미국에서는 돈 많은 사람에 대해 반감을 갖지 않는다.

청교도들이 만들어놓은, 돈 많은 사람을 존경하는 문화야말로 자본주의를 떠받치는 힘임에 틀림이 없는 듯하다.

그러나 한국에는 그러한 문화가 없다. 돈이 많다고 존경받을 수는 없다. 그렇다면 한국에서는 자본주의가 발붙일 곳이 없다는 결론에 이르게 된다. 그러나 결코 그렇지 않다. 한국에서는 그 문화에 맞는 c-자본주의를 일으키면 된다.

우리에겐 우리 특유의 문화를 활용하는 것이 중요하다. 사실 문화에는 좋고 나쁜 것이 없다. 구조주의자의 의견을 빌리지 않더라도 후진형 문화와 선진형 문화란 애초에 존재하지 않는다. 단지 '이런 문화'와 '저런 문화'만 존재할 따름이다. 앞에서 언급한 것처럼 벨기에 사람들은 지금까지 문제만 일으키던 대립적 언어문화를 거대한 크레비즈로 창조해내지 않았던가.

그렇다면 한국에는 이런 크레비즈를 창조할 만한 문화가 없을까? 따져보면 그런 문화는 수없이 많다고 생각한다.

한 가지만 예를 들어보자. 한국 사람들은 세계 어디를 가나 '빨리 빨리'를 외쳐대는 문화를 갖고 있다. 중국이나 동남아시아 등 한국인이 잘 가는 관광지에서는 '빨리 빨리'라는 단어를 모르는 종업원이 없을 정도다.

이렇게 성격 급한 한국 사람들이 정말 못 참아내는 것은 거리에서 차가 막힐 때다. 특히 서울 · 부산 · 인천 등 대도시에서는 출퇴근 시간이 아니더라도 한번 막히면 약속이고 뭐고 다 끝장이다.

이럴 때면 택시 기사든 손님이든 앞차, 뒷차 따질 것 없이 욕을 해 대기 시작한다. 욕하던 사람들은 결국 이 같은 상황이 모두 '쓸데 없이 큰 차를 몰고 다니는 사람들 때문'이라는 데 의견을 모은다.

이것이 후진문화인지 선진문화인지 따질 가치는 없지만, 외국 인들이 본다면 최악(最惡)의 문화임에 틀림이 없다. 그러나 크레 비즈란 바로 이 같은 최악의 문화를 창조산업의 개발로 이끌어낼 수 있는 것이다.

성질 급한 사람들이 사는 한국에서는 교통 시스템을 개발하면 틀림없이 수요를 창출할 수 있다. 아무리 지역공무원들이 예산부 족을 핑계로 삼더라도 이것만큼은 채택하지 않을 수 없을 것이다. 교통 시스템 분야에서 크레비즈를 개발할 수 있는 분야는 다음과 같다.

- 지리정보 시스템(GIS)의 개발
- 수동변속기보다 연료비가 적은 자동변속기
- 자동 요금영수(ETC) 시스템
- 차량 장해물 컨트롤 지원
- 무인(無人) 신교통 시스템
- 고속도로 정보시스템(ITS)

사실 서울은 도로가 제대로 정비되어 있지 않고 운전자들이 교 통질서를 잘 지키지 않아 교통문제에 관한 한 모든 상황이 다 일 어나는 곳이다. 때문에 교통 시스템을 개발할 때 필요한 변수는 모두 갖추고 있는 셈이다. 따라서 한국에서 일어나는 각종 교통문제를 데이터로 만들어 ITS를 개발한다면 세계 어디에서든 활용할 수 있을 것이다.

벨기에가 FLV에 투자하듯 한국에서 교통 시스템 분야에 대규모 투자를 한다면 틀림없이 승산이 있을 것으로 내다보인다. 그렇게 되면 모든 국가들이 교통 시스템만큼은 한국의 것을 채택하게 될 것이다. 메이플라워 호에서 신대륙에 처음 발을 디딘 사람들처럼 '자본주의'는 이처럼 어려운 환경에서 창출되는 것이다.

한국의 어려운 문화가 이제 'c-자본주의'를 일으킬 수 있는 기회를 제공할 것으로 기대한다.

3. 뉴 소프트웨어의 힘

인터넷 포터블화의 성공
영국보다 영어를 사업화하자
뉴소프트웨어가 성공의 열쇠

지금까지 이 책을 다 읽고도 크레비즈의 개념이 명확히 잡히지 않는다고 생각하는 사람들을 위해 크레비즈를 다시 한 마디로 줄여 설명해보겠다.

크레비즈란 바로 '무형문화재(無形文化財)를 e-비즈니스와 접속시켜 새로운 상품을 만들어내는 것'을 말한다.

지금까지 무형문화재는 경제적 가치가 그다지 높지 않았다. 그러나 이것이 e-비즈니스와 접촉하면서 새로운 경제가치를 창출하게 되는 것이다.

한국인에겐 나름대로의 무형문화재가 무수히 많다. 논밭을 팔아서라도 자식공부는 시켜야 하고, 동성동본이라면 꼭 항렬을 챙

겨보고, 추석이 되면 승용차를 새로 사서라도 그 머나먼 고향을 찾아가야 하고, 지하철에서 노인이 앞에 서 있으면 자리를 비켜주고, 보신에 좋다면 무엇이든 잡아먹고, 용산고등학교 15회 졸업생이 20회 졸업생을 만나면 "아, 그래"라며 단번에 말을 놓는 등 한국인의 무의식 속에는 특별한 무형문화재가 참 많다. 이런 관습적인 무형 문화재 이외에도 앞서 지적했듯이 한국인은 기(氣)가 손끝에 있어서 손으로 하는 경기나 게임은 무엇이든 세계 1위를 할 수 있다.

자신만이 갖고 있는 이런 콘텐츠와 재능이 바로 무형문화재인 것이다. 이를 e-비즈니스 수단을 통해 상품화하면 엄청난 부가가치를 창출할 수 있다는 얘기다. 더 구체적으로 사업화하는 방법은 각자의 경험과 노하우, 컨셉에 따라 다를 것이다. 물론 앞으로는 무형문화재를 새로 창조해내는 콘텐츠 사업이 기존의 문화를 사업화하는 것보다 더 큰 시장을 확보할 수도 있다.

사실 인터넷 비즈니스에서 일본은 미국에 비해 훨씬 뒤쳐졌다. 그러나 일본인들에게는 포터블(potable)을 좋아하는 문화가 있다. 트랜지스터 문화, 워크맨 문화 등 포터블 컬처를 창조해낸 곳이 바로 일본이다.

인터넷 분야에서도 일본은 이 포터블 문화가 인터넷 시장판도를 바꿔놓기 시작했다. 인터넷 호스트 수나 인터넷 활용인구 측면에서는 일본이 미국에 비해 크게 뒤떨어지지만, 휴대전화인 네트폰을 통한 인터넷 활용률은 단숨에 미국을 뛰어넘었다.

e-비즈니스에서 미국에 져서 닷컴 쇼크(.com shock)를 받았던 일본이 바로 이런 포터블 문화를 e-비즈니스에 적용하면서 탈출구를 찾아낸 것이다.

그래서 이미 일본에서는 "인터넷에서 PC 시대는 끝났다"고 공공연히 선언한다. 또 인터넷을 통한 기업 간 거래인 B2B도 미국보다 일본에서 더 활기를 띠기 시작했다. 미국은 B2B를 빅 봄(big bomb)이라고 부정적으로 보지만, 일본에서는 빅 뱅(big bang)으로 본다.

일본에서는 그 동안 유통업자들의 세력이 대단했다. 제조업체들은 이들을 통하지 않고서는 내수판매든 수출이든 추진하기가 어려웠다. 그러나 e-비즈니스가 확립되면서 유통업자들이 주도하던 거래구조는 서서히 무너져가고 있다. 미국은 거래구조가 이미 개방체제여서 B2B가 끼여들 시장이 넓지 않지만, 일본은 새로운 유통시장이 다시 탄생한 셈이다. 따라서 일본에서는 새로운 유통문화가 막 형성 중이다.

또 지금까지 일본은 모기업과 하청기업의 거래구조가 철저하게 수직계열화를 유지해왔다. 그러나 네트 조달이 가능해지면서 일본식의 1 대 1 부품조달구조는 이미 3분의 1 정도가 파괴됐다. 일본에서 조달되지 않는 부품만 해외에서 조달하는 풍토도 사라져

가고 있다. 아직은 제한적인 개방을 통해 전자경매 형태로 부품을 조달하고 있지만, 이제 곧 전면적인 개방체제를 선택하게 될 것이다. 직접적인 기업 간 거래가 웹적인 네트워크 체제로 곧 전환될 것이다.

여기에서 e-비즈니스와 크레비즈의 차이점을 분명히 설명해야 할 것 같다. 이를 위해 우선 e-비즈니스의 분야에 대해 설명해보겠다. e-비즈니스로 일컬어지는 인터넷 관련 산업은 크게 네 부문으로 나눌 수 있다.

**첫째, 인터넷의 인프라스트럭처를
제공하는 사업
둘째, 애플리케이션 사업
셋째, 인터미디어리 사업
넷째, 전자상거래 사업 등**

이들 중 인프라스트럭처 사업은 접속 서비스 및 물리적인 제품을 제공하는 사업자를 말한다. 미국에서는 컴팩, 퀘스트, 코닝, @Hom 등이 여기에 속하며, 일본에서는 NTT 도코모, 디지프리 등이다. 한국에서는 한국통신, 하나로통신 등을 들 수 있다. 애플리케이션 분아는 오라클, 넷스케이프, 마이크로소프트 등이 속하는 응용 시스템 분야를 말한다. 일본에서는 넷에이지, 프런트라인, 시녹스(Synox) 등이 있으며, 한국에서는 지오이네트, e-코퍼

레이션, 넷피스 등이 있다.

인터미디어리는 중개 분야로 대표적인 것이 야후다. 미국의 더블클릭, ZD넷(ZD Net), P코더(Pcorder), e트레이드(eTrade) 등도 여기에 속한다. 일본의 인터Q(Inter Q), 사이브리드(Cybrid), e그룹(eGroup) 등이 있으며, 한국에서는 네이버, 옥션, 심마니 등을 꼽을 수 있다.

코머스는 전자상거래 분야를 말한다. 미국의 아마존(Amazon), 델(Dell), e토이(eToy) 등이 있으며, 일본의 라쿠텐(Rakuten, 樂天堂)이 대표적이다. 한국에서는 한솔CSN, 코스메틱랜드 등을 들 수 있다. 이들 네 가지 분야 중 크레비즈와 공통분모를 갖고 있는 것은 인터미디어리와 코머스 분야다.

크레비즈의 무형문화재 컨셉을 e-비즈니스의 눈으로 보면 콘텐츠의 일종이라 할 수 있다. 그러나 이들 네 가지 사업에는 완전한 콘텐츠 사업자는 없다. 크레비즈는 아직 콘텐츠화하지 않은 문화에서 출발하는 사업이다. 문화와 콘텐츠는 e-비즈니스가 생겨나기 이전에도 있었지만, 앞으로는 더 큰 존재가 될 것이다. 벤처와 e-비즈니스에 의해 이제 인프라와 애플리케이션은 어느 정도 구축이 되었다. 따라서 이제 속도만으로는 충분한 부가가치를 창출할 수 없다. 앞으로는 콘텐츠의 수준에 따라, 컬처의 유인력에 따라 고객이 움직이게 될 것이다.

이처럼 크레비즈는 e-비즈니스와 별도의 콘텐츠 분야를 갖고 있으며, e-비즈니스를 디스트리뷰션의 수단으로 활용하게 된다.

거듭 강조하면 지금부터야말로 무형문화재인 가치를 경제적인 가치로 활용해야 할 때다. 일본 소니의 플레이스테이션2(PS2)가 선풍적인 인기를 끈 이유에 대해, 경제분석가들은 한결같이 기술적인 우월성을 거론한다. 전세계에서 7,000만 대 이상을 판매한 PS1에 이어 내놓은 이 제품이 인기를 끈 까닭은 PC 이상의 처리능력을 가진 반도체를 내장해 유저들이 생생한 화상을 즐길 수 있을뿐더러 고도의 조작기능도 탑재되어 있기 때문이라고 분석한다. 더불어 차세대 영상매체인 디지털 다용도 디스크(DVD) 비디오 기능까지 갖추고 있어 영화나 음악을 감상할 수 있기 때문이라고 말한다.

그러나 기술이 뛰어나다고 무조건 팔리는 건 아니다. 이들의 선풍적인 인기 뒤에는 '뿅뿅' 이라고 부르던 갤러그에서 시작된 게임문화가 밑바탕이 되고 있는데다, 최근 들어 일본에서 일기 시작한 실내회귀 문화가 이를 부채질한 것이다. 일본의 대기업 가운데 문화의 힘이 얼마나 큰지를 아는 기업이 바로 소니다. 그래서 이 그룹은 승승장구를 거듭하고 있다.

소니가 일본 최대 민영방송인 후지 TV에 자본을 참여키로 결정하자 많은 사람들이 의아해했다. 전자회사가 갑자기 웬 TV사업이냐고 놀라워했다. 일본에서 대기업들이 민방(民放)에 자본참여를 한 것은 소니가 처음이었다.

그러나 소니가 후지 TV에 참여키로 결정한 이유는, 이제 기술력보다는 콘텐츠가 더 돈벌이가 된다는 사실을 간파했기 때문이다. 후지 TV의 콘텐츠와 소니의 기술력을 결합시켜, 인터넷이나 2003년에 개시되는 공중파 디지털 방송을 활용한 쌍방향 서비스 문화를 함께 만들어가자는 의도인 것이다.

이에 비해 기존의 콘텐츠를 비즈니스화한 전형적인 모델은 내셔널 지오그래픽이다. 내셔널 지오그래픽은 1888년 미국에서 설립된 자연과학 전문 비영리조직으로 생생한 사진화면의 잡지(네 종류)를 통해 자연 지리·인류학·고고학 등을 차분하게 다뤄왔다. 덕분에 신뢰도가 매우 높았다.

이 회사는 피어리의 북극탐험과 콕토의 해양연구를 지원한 것으로도 유명하다. 이런 전통을 쌓아온 내셔널 지오그래픽이 세계 3대 네트워크인 NBC와 손을 잡고 세계 각국에 TV를 통해 콘텐츠를 공급하기 시작하면서 큰 성공을 거뒀다. 내셔널 지오그래픽의 성공은 잘 따져보면 100년 이상을 쌓아온 문화와 전통이 있었기 때문에 가능했다. 그런 문화를 비즈니스화한 덕분인 것이다.

'욕쟁이 할머니 국밥집'이 회계를 전산화하고 홈페이지를 만들면서 갑자기 할머니의 언사가 점잖아지고 국밥 맛이 전과 같지 않다면 누가 그 국밥집을 찾겠는가? 욕쟁이 국밥집의 콘텐츠는 할머니의 욕설과 국물맛이다. 이를 살려내는 것이 바로 크레비즈다.

크레비즈가 e-비즈니스보다 강한 요인은 수명이 길다는 점이다. 일본의 경제평론가 오마에 겐이치의 지적처럼 e-비즈니스에서는 일인자만이 승리한다. 그러나 c-비즈니스는 승리자가 다양한다. e-비즈니스는 전산 네트워크 등 수단이 가치를 창조하지만, c-비즈니스는 내용과 본질이 가치를 창출하기 때문에 고정고객, 즉 단골이 확보된다. 그래서 한 순간 반짝 빛을 내다가 사라지지 않는다.

문화는 기업이나 국가보다 더 강하다. 영국이란 국가가 사라지더라도 영어문화는 없어지지 않을 것이기 때문이다.

**영국이라는 국가를 상품화하지 말고
영어를 상품화하는 지혜가
바로 크레비즈의 기본인 것이다.**

21세기는 소프트웨어의 시대다. 그러나 우리가 흔히 소프트웨어라고 부르는 인터넷 인프라 및 인터미디어리 등 위의 네 가지 인터넷 관련산업도 이제 하드웨어로 바뀌고 있다. 다시 말해 네트도 실제 활용 면에서는 하나의 도구(tools)로서 하드웨어 부문이 된 것이다. 그래서 요즘 이런 네트워크를 '뉴 하드(new hard)'라고 부른다.

**이제 진정한 소프트웨어는
콘텐츠화할 수 있는 컬처뿐이다.**

더 이상 컴퓨터 네트워크 등 뉴 하드웨어를 상품화하는 데 골몰할 것이 아니라 나의 컬처와 콘텐츠, 즉 뉴 소프트웨어(new software)를 상품화하는 방법을 생각해야 할 때다. 뉴 소프트웨어가 뉴 하드웨어를 활용해 만들어낸 크레비즈야말로 앞으로 골리앗을 쓰러뜨리는 다윗이 될 것이다.

벤처의 제4물결

지은이 / 이치구
펴낸이 / 김경태
펴낸곳 / 한국경제신문 한경BP
등록 / 제 2−315호(1967. 5. 15)
제1판 1쇄 인쇄 / 2000년 11월 25일
제1판 2쇄 발행 / 2001년 1월 15일
주소 / 서울특별시 중구 중림동 441
기획출판팀 / 3604−553∼6
영업마케팅팀 / 3604−595, 7
FAX / 360−4599

* 파본이나 잘못된 책은 바꿔 드립니다.
ISBN 89−475−2319−4

값 9,000원

강대국의 흥망

폴 케네디 지음 / 이왈수 외 옮김

역사학자이자 미국 예일 대 교수인 저자는 이 책에서 지난 5세기 동안에 전개되었던 강대국들의 흥망성쇠는 그들의 경제력과 군사력의 변화 추이에 따라 좌우되어 왔다고 진단하면서 다가오는 21세기에는 미국·소련·서유럽 등의 쇠퇴와 중국·일본 등 아시아 강국들의 부상을 예언하고 있다. 〈뉴욕 타임스〉 선정 최우수 도서.

양장 / 13,000원

21세기 준비

폴 케네디 지음 /
변도은·이왈수 옮김

우리에게 충격을 던졌던 「강대국의 흥망」 저자 폴 케네디 교수가 다가올 21세기 문명세계의 각종 위기를 명쾌히 분석·정리한 역저. 향후 30년 사이 우리에게 닥칠 도전들과 그 대응방법 그리고 인구폭발, 환경오염, 생명공학, 로봇, 통신수단, 가공할 파워의 양태 등을 특유의 통찰력으로 분석·예견하고 있다.

양장 / 11,000원

메가트렌드 2000

존 나이스비트 외 지음 /
김홍기 옮김

90년대는 정치개혁과 경이적인 기술혁신 등으로 인류에게 지금까지와 전혀 다른 변화양상을 안겨줄 것이다. 이 책은 90년대의 변화로 경제호전, 예술의 번영, 시장사회주의의 출현, 복지국가의 쇠퇴 등을 예시하고 있다. 과거 어둡고 비관적인 세기말적 변화보다는 밝고 새로운 흐름을 부각시키고 있다.

양장 / 9,800원

메가트렌드 아시아

존 나이스비트 지음 / 홍수원 옮김

미래예측가로 세계적 명성을 떨치고 있는 나이스비트는 21세기에는 아시아가 미국주도의 상품과 소비시장에 가장 중요한 경쟁자로 떠오를 것으로 내다보고 현재 역동적으로 변화하는 아시아의 모습을 8가지 트렌드로 분석했다. 특히 아시아와 세계라는 맥락 속에서 한국에 나타나고 있는 폭넓은 변화들을 살펴보고 한국이 아시아에 기여할 수 있는 방안도 짚고 있다.

양장 / 9,500원

20세기를 움직인 사상가들

기 소르망 지음 / 강위석 옮김

20세기 사상계에 결정적인 영향을 끼친 사람들은 과연 누구인가? 프랑스의 저명한 경제학자이자 사회학자인 기 소르망이 29명의 생존해 있는 현대 최고의 사상가들과 직접 인터뷰를 통해 그들 자신이 선택한 분야에 전생애를 바친 사상과 사색의 놀라운 통찰을 기록·정리한 「살아있는 도서관」.

신국판 / 8,000원

자본주의 종말과 새 세기

기 소르망 지음 / 김정은 옮김

세계적인 석학인 저자는 자본주의 체제를 위협하는 것은 「도덕적 불만」과 「자본주의에 대한 몰이해」라고 주장하고 러시아·중국·독일·인도 등 20여개국의 자본주의의 현재 모습을 생생히 그리고 있다. 또한 현재의 자본주의의 위기를 극복하기 위한 구체적인 실천방안에 대해서도 통찰하고 있다. 방대한 분량인데도 르포형식이어서 전혀 지루하지 않다.

양장 / 13,000원

열린 세계와 문명창조

기 소르망 지음 / 박 선 옮김

서로 다른 문화가 충돌하는 유럽, 러시아, 중국, 일본, 아프리카, 라틴아메리카의 국경으로 우리를 이끈다. 서양인의 독백이나 나르시시즘이 아니라 바로 한반도에 대한 진단이며 치료제가 될 수 있다. 통독 이후의 문제, 북한의 실상과 우리의 미래, 미국화로 상징되는 맥몽드(McMonde)의 악몽 속에서 나름대로의 대응법을 찾을 수 있다.

양장 / 13,000원

편집광만이 살아남는다

앤드류 그로브 지음 / 유영수 옮김

인텔 불패(不敗) 신화의 주인공, 앤드류 그로브의 경영과 인생! 경쟁에서 이기기 위한 키워드 '편집광'을 주목하라. 지루함을 모르는 직장, 도전정신으로 머릿속이 꽉찬 편집광 직원들, 그리고 인텔에 대한 진솔한 이야기가 담겨 있다. 예리한 판단력과 관찰력을 겸비한 그로브는 첨단산업을 경영하는 데 필요한 이론으로 「전략적 변곡점」을 정립해 자세히 설명하고 있다.

양장 / 10,000원

미래기업

피터 드러커 지음 / 고병국 옮김

우리 시대의 가장 뛰어난 사회·경영학자이자 미래학자인 드러커의 「변혁시대 기업생존전략 연구서」! 세계경제가 빠르게 바뀌어 감에 따라 기업의 새로운 생존 경영전략 모델, 즉 기업이 살아남기 위한 5가지 변화조건을 예리하게 분석·고찰했다. 특히 사회·경제학 시각에서 세계경제 흐름을 독특하고 분석적으로 통찰했다.

양장/9,500원

자본주의 이후의 사회

피터 드러커 지음 / 이재규 옮김

사회주의권의 급격한 몰락 이후 탈냉전 분위기가 고조되고 있는 시점에서 향후 세계 변화가 주요 관심사로 떠오르고 있다. 저자는 향후 세계는 자본주의적 시장구조와 기구는 그대로 존속되겠지만 주권국가의 통제력은 약화되고 전문지식을 갖춘 지식경영자 중심의 글로벌화 사회가 될 것으로 예측하고 있다.

양장/9,000원

미래의 결단

피터 드러커 지음 / 이재규 옮김

현대 경영학의 대부, 피터 드러커는 이 책에서 「스스로를 다시 생각함으로써 회생할 수 있다」고 전제하고 기업의 5가지 치명적 실수, 가족기업을 경영하는 규칙, 대통령을 위한 6가지 규칙, 새로운 국제시장의 개발, 3가지 종류의 팀조직, 오늘날 경영자들이 필요로 하는 정보 등 바람직한 미래를 실현하기 위한 방안을 제시했다. 21세기를 위한 새롭고 시의적절한 경영지침서.

양장/9,000원

비영리단체의 경영

피터 드러커 지음 / 현영하 옮김

선진국에서는 학교, 자선단체 등 비영리단체의 경영혁신이 선풍을 일으키고 있다. 이 책은 필자가 교수생활을 하면서 비영리단체에서 봉사했던 경험을 바탕으로 조직관리, 예산 등 경영전반에 대한 문제점을 심도있게 분석하고 개선방안을 제시했다. 전문가들과의 대담을 통해 경영의 효율성을 높이기 위한 여러가지 방안이 눈길을 끈다.

신국판/8,000원

21세기 지식경영

피터 드러커 지음 / 이재규 옮김

새로운 경영 패러다임이 경영의 원칙과 관련한 기본가정을 어떻게 변화시켜 왔는지, 또 어떻게 계속 변화시킬 것인지에 대해 통찰하고 있다. 앞으로 수십년 아니 수년내에 틀림없이 일어날 여러 문제에 대처하지 못한다면 혼란의 시대, 구조변화의 시대, 전환기의 시대에 생존할 수 없다는 드러커의 마지막 경고는 반드시 귀담아 들어야 할 것이다.

양장/13,000원

미래의 조직

피터 드러커 외 지음/이재규 옮김

경영학의 두 거물인 피터 드러커가 서문을 쓰고 찰스 핸디가 결론을 내린 미래조직의 최종완성판! 당대 최고의 경영학자, 실무자, 컨설턴트가 참여한 이 책에는 미래 조직이 존속하고 번영하려면 조직과 지도자가 어디에 언제, 그리고 어떻게 변해야 하는지 각 분야별로 실질적인 조언을 하고 있다. 특히 정부, 기업, 사회단체 등 모든 인간조직의 미래모습에 대해 통찰력있는 비전을 제시하고 있다.

양장/13,000원

자본주의 이후 사회의 지식경영자

피터 드러커 지음 / 이재규 옮김

20세기가 낳은 가장 위대한 경영학자인 드러커 교수는 정보(information)가 권위를 대신하고 보고(report)가 사라진 조직에서 적응하기 위해 경영자들이 어떻게 해야 하는지 그 해답을 제시한다. 새롭게 도래하고 있는 미래 조직에서의 효과적인 의사결정방법, 경영혁신의 체계적 관리와 함께 지식경제에서 경영자가 직면할 구체적인 도전, 지식근로자의 생산성 향상을 위한 동기부여에 대해 충고하고 있다.

양장/10,000원

트러스트

프랜시스 후쿠야마 지음 / 구승회 옮김

한 나라의 경제는 규모만으로는 설명될 수 없고 문화적 요인이 중요하다. 이 문화적 요인이 사회적 자본이며 가장 중요한 덕목이 바로 신뢰다. 저자는 이 책에서 개인주의, 가족주의에 기반을 둔 저신뢰 사회의 특성을 혹독하게 비판하면서 건강한 사회가 되려면 공동체적 연대와 결속의 기술을 터득해야 하며 신뢰는 경제와 사회, 문화를 아우르는 놀라운 가치라고 강조한다.

양장/12,000원

코피티션

배리 네일버프 외 지음 / 김광전 옮김

비즈니스 게임은 끊임없이 변하므로 전략도 당연히 변해야 한다. 경쟁 (competition)과 협력 (cooperation)에 관한 과거의 법칙들을 넘어서서 양자의 장점을 결합한 코피티션 전략은 기존의 비즈니스 게임을 혁신할 혁명적인 신사고다. 저자들은 게임 자체를 변화시켜서 이득을 최대화하는 방법을 보여주는 5가지 요소(전략의 PARTS)의 비즈니스 전략을 체계적으로 제시했다.

양장/9,000원

회사인간의 흥망

앤소니 샘슨 지음 / 이재규 옮김

이 책은 17세기 동인도회사에서 현재의 마이크로소프트사에 이르기까지 기업의 변화과정과 직장인들의 문화변천사를 통해 회사인간이란 무엇인가를 규명했다. 생생한 인물묘사와 인터뷰, 사례를 곁들이면서 전혀 도전받을 일이 없을 듯이 보였던 「기업관료들」이 어떻게 레이더스, 모험기업가, 일본의 경쟁자들, 컴퓨터, 여자 회사인간들에 의해 차례차례 공격당했는가를 밝히고 있다.

양장/9,800원

팝 인터내셔널리즘

폴 크루그먼 지음 / 김광전 옮김

산업위축과 실업증가, 실질소득 향상의 둔화를 비롯해 소득격차의 확대, 산업시설의 유출 등 선진경제가 지닌 문제점을 상세히 분석하고 그 원인이 개발도상국과의 교역에 있는 것이 아니라 선진국의 산업구조 변화와 기술발전에 있다고 밝히고 있다. 레스터 서로에 필적하는 20세기 최고의 경제학자인 저자가 지적하는 개도국 성장 비결은 우리에게 시사하는 바가 크다.

신국판/7,000원

2020년

해미시 맥레이 지음 / 김광전 옮김

다양한 인종만큼이나 상이한 정치·경제체제와 독특한 문화양식을 지니고 있는 세계 각국은 저마다의 주무기를 앞세워 미래를 설계하고 있다. 경제평론가인 저자는 앞으로 국가경쟁력을 결정짓는 요인은 기술이 아니라 문화라고 강조한다. 현재 세계 각국이 처해있는 상황을 바탕으로 치밀하게 전망한 2020년경의 세계 각국의 모습에서 우리의 진로는 어떻게 모색해야 할 것인가?

양장/9,000원

제4물결

허먼 메이너드 2세, 수전 E.머턴스 지음 / 한영환 옮김

21세기 범세계적 기업을 위한 낙관적 비전을 제시하고 있는 이 책은 한마디로 앨빈 토플러의 《제3물결》을 넘어 장기적 미래의 비전에 집중하고 있다. 지금 우리는 공업화를 상징하는 「제2물결」에서 탈공업화적인 「제3물결」로 전이하고 있지만, 머지 않은 곳에서 새로운 차원의 「제4물결」이 밀려오고 있다고 진단하고 있다.

양장/4×6판/5,000원

소명으로서의 기업

마이클 노박 지음 / 김진현 감역

실업과 빈곤의 해결책은 무엇일까. 마이클 노박은 종교적 윤리 기반위에 선 민간기업만이 그 해결책이 될 것이라고 명쾌하게 주장한다. 민주자본주의 하에서 신학적·윤리적 기초를 갖는 기업이야말로 이윤창출기관인 동시에 민주주의와 인권을 증진시키는 기관이며 사회공동체를 만드는 기관이다. 기업의 위치, 정신의 설정과 사회관계 정립에 등불이 될 내용들이 가득하다.

신국판/7,000원

21세기 오디세이

마이클 더투조스 지음 / 이재규 옮김

20년 동안 기술 전도사, 기업가, 경영 컨설턴트로서 정보혁명을 이끌어온 마이클 더투조스는 농업혁명과 산업혁명을 밀어낼 제3의 정보혁명에 대해 보다 폭넓은 관점을 제시한다. 저자는 21세기 글로벌 정보시장의 생생한 모습을 보여 주는 한편, 그 기술적인 문제점들을 폭로하고 한편으로 해결책을 제시하여, 영감에 가득찬 미래의 청사진을 제공한다. 보디넷, 전자 코, 촉각 인터페이스의 미래를……

양장/12,000원

21세기를 여는 7가지 키워드

오마에 겐이치 지음 / 임승혁 옮김

다가오는 21세기에는 서구 선진국의 뒤만을 쫓을 수는 없다. 그들을 앞서 나가기 위해서는 지금까지와는 다른 창의적인 발상, 새로운 전략, 확실한 준비가 필요하다. 21세기를 능동적으로 맞이하려는 사람들에게 띄우는 오마에 겐이치의 독특한 키워드. 1.시간축 발상 2.신커뮤니케이션론 3.자유재량시간 4.글로벌경쟁시대 5.정보발신시스템 6.이미지전략 7.네트워크의 힘

양장/4×6판/6,500원

신창조론

이면우 지음

미증유의 경제위기를 맞은 한국, 한국인, 한국기업은 어디로 가야 하는가? IMF는 변화를 모르는 기업전통, 말만 많은 우매한 현자들의 득세, 재벌의 출혈경쟁, 모방으로 날새는 제조업, 부서 이기주의에 찌든 업무절차 등 우리의 병세를 알려 준 고마운 의사다. 난장의 활기, 국가적 비전, 중소기업 활성화, 가상연구소, 동북아 경제 네트워크(신창조론)가 강력한 치료약이 될 것이다.

신국판/8,000원

내인생 내가 살지

서상록 지음

예순둘의 나이에 대기업 그룹 부회장에서 식당 견습웨이터로 변신한 서상록씨의 자전에세이. 그는 이 책을 통해 왜 최고경영자의 위치에서 모두들 하찮게 여기는 식당 견습웨이터를 하게 되었는지, 그의 평범하지 않은 인생을 감칠맛나게 들려주고 있다. 더불어 인생의 눈높이를 낮춰 하고 싶은 일을 하면서 누구보다 즐겁게 살라는 충고도 들려준다.

신국판/7,800원

유머인생 1~6

한국경제신문 출판부 편

많은 독자들이 1980년 12월부터 본지에 연재되고 있는 「해외유머」를 책으로 출판하면 어떨지, 그런 계획은 없는지 물어왔다. 이 책은 독자들의 그러한 성원에 보답하자는 취지로 출판되었으며 우스갯소리 가운데서 인생의 묘미도 느끼고 영어공부도 할 수 있게끔 어려운 단어나 어구에는 주석을 달아 독자들의 이해를 돕고자 노력했다.

4×6판/각권 4,500원

성공적인 점포경영 33선

류광선 지음

5,000만원 정도의 소자본으로, 심지어 무자본으로도 사업을 시작할 수 있는 아이디어를 담았다. 저자가 현장을 발로 뛰면서 바로 개업하기에 유망한 33개 업종을 선별, 입지선정부터 개업절차·경영 비법까지 최신 노하우를 총집결시켰다. 경영지침이나 사업의 성패진단법은 물론 직접 점포를 운영하는 사람들의 현장 목소리를 담아 차별화를 꾀했다.

신국판/9,000원

실전 부동산 경매

전 철 지음

법원경매든 성업공사 공매든 경매는 이제 누구나 쉽게 배우고 참여할 수 있게 되었다. 경매물건에 대한 마음가짐을 얼마나 유연하고 객관적인 자세로 평가할 수 있느냐가 성공의 지름길이다. 이 책은 부동산 경매에 대한 전반적인 원리를 누구나 알기쉽게 배울 수 있도록 설명했다. 실전사례중심으로 실패없는 부동산 경매 방법을 체계적으로 정리한 실전 가이드.

신국판/12,000원

사장님을 위한 5분 경제

손정식 지음

경영일선에 있는 경영자가 매일매일 직면하는 경제·경영현상에 대해 기본적인 원리를 설명한 이 책은 경제현상을 올바로 이해하여 기업경영의 이론적 토대를 튼튼히 하는데 보탬이 되는 경제상식들만 모았다. 가격관리와 비용관리에서부터 기업전략, 경쟁과 윤리, 기업과 금융, 국제무역과 국제금융에 이르기까지 꼭 알고 있어야 할 경제원리들을 강의하듯 풀어서 설명했다.

신국판/8,500원

새노동법 해설 (개정판)

윤욱현 지음

노동법이 천면 개정되었다. 개정 노동법은 개별적 노동관계법의 대명사인 근로기준법상의 변형근로시간제, 정리해고제 등을 도입하고 집단적 노동관계법에서 금지됐던 복수노조, 제3자개입, 정치활동 등을 허용했다. 이 책은 저자가 현장에서 직접 느끼고 체험한 노사간의 문제점들을 살펴보고 개정 노동법 전반을 알기 쉽게 해설한 책이다.

신국판/11,000원

금융시장 예측

김성우 지음

주식, 금리, 상품 등의 현물시장은 물론 선물 및 옵션 등의 파생상품시장에서도 생존할 수 있는 방법을 다양하게 제시하고 있다. 20여년간 외환시장 등 다양한 시장에서 딜러, 투자가, 분석가로 활동하며 풍부한 현장경험을 가지고 있는 저자가 시장상황에 따른 기술적 지표의 분석요령과 심리적 동요의 극복방안을 현장사례 중심으로 상세히 설명하고 있다.

양장/12,000원

걱정하지 말고 살아라

리처드 칼슨 지음 / 채선영 옮김

스트레스 컨설턴트이자, 강연가인 리처드 칼슨이 풍요롭고 즐거운 인생을 창조하는 100가지 아이디어를 알려준다. 걱정이 사라졌을 때 어떤 멋진 인생이 펼쳐질지 따뜻하면서도 설득력있는 문체로 읽는 사람을 격려하고 있는 이 책은 걱정과 불안으로 마음을 어지럽힐 것이 아니라 결심과 실천으로 이어지도록 마술과도 같은 삶의 방법들을 제공하고 있다.

신국판 / 8,000원

시간이동

스테판 레트사폰 지음 / 형선호 옮김

사람들에게 있어서 시간은 객관적인 것이 아니라 주관적인 것이다. 이 책에서 저자는 시간에 대한 사고방식을 바꿈으로써 자신의 인생에 대한 통제를 되찾을 수 있다고 강조한다. 그 과정을 통해 우리는 인생을 최대한 즐길 수 있으며 많은 시간을 자신과 가족과 함께 더 한층 고양된 삶의 의미를 느낄 수 있다. 이 책은 명상서로서 자신의 삶을 컨트롤하는 방법을 제시한다.

신국판 / 9,000원

마음을 치유하는 79가지 지혜

레이첼 나오미 레멘 지음 / 채선영 옮김

정신분석학자로서 영혼의 연금술사로 평가받는 저자는 보다 큰 평화를 가져다주는 것은 우리가 서 있는 바로 이곳, 또 이곳에서 만나는 사람들을 있는 그대로 받아들일 수 있게 해줄 치료제, 즉 영혼을 위한 약이 필요하다는데 초점을 맞추고 있다. 저자의 따뜻한 식탁 의자에 영혼이 충만한 의사와 환자, 그리고 동료들이 둘러앉아 나누는 그들의 삶은 무한한 가능성의 목소리로 들린다.

신국판 / 7,500원

밀레니엄

펠리프 페르난데스 아메스토 지음 / 허종열 옮김

지난 1000년을 마감하고 다음 1000년을 준비하기 위해, 한 시대를 평가하기 보다는 새로운 시대를 창조하려는 의도로 쓴 이 책은 유럽 중심적인 위장된 세계사가 아닌 진정한 세계사 정립을 위해 역사 이면을 자리매김하려고 노력했다. 인류역사의 주도권, 즉 민족의 힘은 태평양 주변국가에서 대서양으로 다시 태평양으로 옮아가고 있다고 주장하고 있다.

전2권 / 양장 / 각권 12,000원

복잡계란 무엇인가

요시나가 요시마사 지음 / 주명갑 옮김

『무수한 구성요소로 이루어진 한 덩어리의 집단으로 각 부분의 움직임이 총화이상으로 무엇인가 독자적인 행동을 보이는 것』으로 정의되는 복잡계, 복잡계 과학은 「잃어버린 세계로의 여행」이 될 것이다. 복잡계의 과학은 그 꿈을 현실화시킬지도 모른다. 21세기를 주도하게 될 최첨단 키워드, 복잡계의 모든 것을 담았다.

양장 / 4×6판 / 7,000원

복잡계 경영

다사카 히로시 지음 / 주명갑 옮김

복잡계 이론이 예언하는 21세기적 경영의 모든 것이 여기 있다. 복잡계는 세기말의 혼돈 속에 지식의 최첨단 이론으로 등장, 구미지역에서 폭발적인 관심을 끌고 있다. 이 이론은 세계를 몇 개의 단순한 요소로 환원할 수 없는 '부분 이상의 총화', 자기조직화의 동적 프로세스로 이해한다. 또 세계관의 근본적인 변화를 통해 탈근대시대의 새로운 경영, 경영자를 위한 경영학의 혁명을 꿈꾼다.

양장 / 4×6판 / 6,500원

세계를 움직인 경제학 명저 88

네이 마사히로 지음 / 이균 옮김

한치 앞도 예측하기 어려운 경제. 환율, 주가, 금리… 어느 하나 앞을 내다보기 어렵기만 하다. 지금까지의 경제논리로는 더이상 예측하기 불가능하다. 여기 17세기의 페티에서 20세기 경제학의 거두 스티글리츠까지 경제의 흐름을 읽기 위해, 그리고 예측하기 위해 고뇌했던 수많은 경제학자들이 있다. 세상을 움직이던 일류 경제학자들이 피와 땀으로 써내려간 역작들을 통해 경제의 흐름을 짚어볼 수 있다.

신국판 / 9,500원

비즈니스 사회에서 가르쳐주지 않는 60가지

나카타니 아키히로 지음 / 이선희 옮김

회사에서는 학교처럼 음식을 입에다 떠먹여주듯이 친절하게 가르쳐주지 않는다. 회사는 방대한 교과서와 같다. 그곳에서 배우느냐, 배우지 못하느냐는 것은 모두 이 책을 읽는 당신에게 달려 있다. 이 책에는 회사인으로서 최소한 지켜야 할, 최소한 알아야 할, 그리고 최소한 갖추어야 할 비즈니스 사회에 필요한 성공발상을 저자 특유의 감각적인 문체로 펼쳐보이고 있다.

신국판 / 7,500원

리스크

피터 번스타인 지음 /
안진환 외 옮김

세계적인 경영 컨설턴트
인 저자가 리스크의 역사
와 발전과정을 담았다.
탁월한 통찰력으로 현재
의 시점에서 미래를 다루
는 방법을 밝혀낸 여러
사상가들의 이야기가 담
겨 있다. 그리스시대부터
현재까지 인류의 다양한
위기의 순간들과 이를 헤
쳐나가는 과정을 역사와
철학, 경제학 관점에서
돌아본다. 투자나 선택이
일상인 경영자들을 위한
책이다.

양장/12,000원

중산층이 살아야 나라가 산다

에드먼드 펠프스 지음/신동욱 옮김

자본주의의 야수성과 복
지제도의 단견에서 비롯
된 중산층의 붕괴는 우리
를 당황하게 한다. 이 책
은 바로 중산층이 살아야
내가 살고 지역사회가 살
고 나라가 살고 더 나아
가 민주주의와 자본주의
가 산다는 인식 위에서
씌어졌다. 국민의 정부
제2기 복지정책의 기초
가 된 이 책은 장기적으
로 인류 모두에게 혜택을
줄 자유시장 경제체제와
기술진보를 가능케 해주
는 유일한 길을 설파하고
있다.

신국판/8,500원

지구의 변경지대

로버트 케이플런 지음/황 건 옮김

베일에 가려져 있던 서아
프리카에서 중동을 거쳐
러시아의 외곽지대인 중
앙아시아, 중국, 인도를
거쳐 캄보디아, 태국, 베
트남에 이르는 대장정을
끝내고 저자가 내린 결론
은 한마디로 암울하다는
것이다. 저자는 새로운
분쟁지역으로 떠오르고
있는 지구 곳곳을 다니면
서 문제점을 지적하고 혼
란에 빠진 이들에게도 따
뜻한 시선을 보내자고 제
안하고 있다.

양장/12,000원

대기업을 이기는 벤처비즈니스

마키노 노보루 · 강동우 지음 /
유세준 옮김

첨단 기술력과 재빠른 정
보수집력을 갖춘 모험심
강한 중소기업이 대기업
보다 훨씬 더 유연하게
시장상황에 대처하고 있
으며 성공하고 있다. 마
이크로소프트, 인텔 등이
그 예다. 이 책은 재편되
고 있는 경제구조 속에서
앞서 나가고 있는 일본
벤처기업들의 사례와 실
리콘밸리의 성공전략을
살펴보고 틈새시장을 공
략하는 요령과 아이디어,
국제적 제휴전략 등을 다
루고 있다.

신국판/5,500원

경제학은 없다

미첼 무솔리노 지음 / 김찬우 옮김

경제학자들의 수많은 예
측의 오류 중에는 몇몇은
유명해졌고 그보다 많은
수의 오류는 잊혀졌다.
프랑스에서 화제를 불러
일으켰던 이 책에서 저자
는 20세기 모든 위대한
예견과 모든 환상을 신랄
하게 공격한다. 주류 경
제학의 일반론을 분해하
고 실업과 생산성에 대한
허튼소리와 거짓말, 그리
고 시장법칙에 이르기까
지 현대 초자본주의의 속
성들을 발가벗기고 있다.

신국판/8,000원

기업경영에 창의력을 길러주는 50가지 키워드

톰 램버트 지음 / 정규석 옮김

이 책은 기업에 관여하는
사람이 기회나 문제에 직
면했을 때 잘못된 것을
바로잡고 창의력을 고양
시킬 수 있게 해주는 문
제해결기법으로 가득하
다. 경영자들이 최저의
노력과 최저의 비용으로
최단시간내에 필수적인
과제들을 해결하는데 필
요한 도구와 점검목록,
직무 지시사항이 담겨 있
다. 내일 성공하려면 벤
치마킹하지 말고 오늘 도
약하라는 것이 이 책의
결론이다.

신국판/10,000원

골프란 무엇인가

김홍구 지음

세계에서 가장 쉽고 재미
있는 골프책을 목표로 연
애소설을 쓰듯이 재미있
게 쓴 책이다. 80대 초반
굳히기, 70대 진입하기
등 현 수준에서의 구체적
도약 방법이 설명된다.
완결편은 통계나 속성 차
원에서 접근한 상당한 수
준의 골프 분석이다. 입
문자라면 처음부터, 구력
이 5년 이상됐고 성질이
급한 골퍼는 13번홀부
터, 프로만큼의 플레이를
하려면 16번홀로, 머리
가 아프면 4번홀로 가서
마음껏 웃으면 된다.

양장/11,000원

타이거 우즈 스윙의 비밀

존 안드리사니 지음 / 김홍구 옮김

타이거 우즈의 스윙 테크
닉은 너무도 쉽기 때문에
어떤 아마추어 골퍼라도
응용할 수 있다. 우즈는 아
놀드 파머와 같은 카리스
마와 벤 호건의 집중력, 샘
스니드의 운동 능력, 잭 니
클로스의 멘탈 지배력, 닉
팔도의 탁월한 매니지먼
트 능력을 그대로 간직하
고 있다. 우즈 스윙의 모든
비밀이 담겨 있는 이 책을
통해 우즈 스윙을 카피하
게 된다면 당신의 볼은 두
말할 것 없이 까마득히 날
아갈 것이다.

양장/4×6판/9,000원

주식시장 흐름 읽는 법

우라가미 구니오 지음 / 박승원 옮김

언뜻 보기에 무질서하고 예측이 불가능해 보이는 주식시장도 장기적으로 보면 특정한 네 개의 국면을 반복하고 있다는 것을 알 수 있다. 이 책은 이 네 개의 국면이 어떤 요인에 의해 순환되고 각각의 국면에서 어떤 종목이 활약하는가를 숙지할 수 있는 안목을 제시해주고 주식투자시 리스크를 피하는 방법에 대해서도 설명하고 있다.

신국판/5,500원

증시테마 알아야 주식투자 성공한다

안창회 지음

이 책은 주식투자자들이 어떤 상황에서 어떤 종목을 사고 팔아야 수익을 올릴 수 있는지 그 구체적인 방법을 제시한다. 더불어 투자이론이 실제 상황에서는 어떻게 적용되고, 앞으로 전개될 상황에서는 어떻게 대응해야 할지를 분석, 정리했다. 특히 실제 일어났던 증시상황에 대한 분석은 물론, 전망까지 곁들여 주식초보자라도 쉽게 이해할 수 있도록 했다.

신국판/9,800원

주식@ 살 때와 팔 때

한국경제신문 증권부 지음

증권투자는 사는 기술이 아니라 파는 예술이다. 기관투자가를 두려워할 필요는 없다. 수익률이 오르지 않아 밤잠을 못이루는 것은 오히려 그들이다. 단기필마야말로 혼돈의 전쟁터에서 자신을 지키는 방법이며 주식투자로 성공할 확률은 개인투자자들이 높다. 한국경제신문 증권부가 개인투자가들을 지원하기 위해 펴낸 이 책을 통해 확실한 재테크의 길을 찾아보자.

신국판/9,000원

선물시장 흐름 읽는 법

현대선물 지음

이제 선물을 모르고는 주식, 채권 등 투자를 제대로 할 수 없는 세상이 되었다. 선물시장은 특정상품의 가격 수준에 대해 생각을 달리하는 사람들이 생사를 건 전쟁터다. 그동안 어렵게만 느껴졌던 선물거래를 일반인들이 이해하기 쉽도록 만화로 꾸몄다. 읽다보면 선물거래의 기본개념에서부터 선물거래의 실전투자 및 매매 타이밍까지 단번에 이해할 수 있도록 재미있는 스토리를 곁들여 설명했다.

신국판/7,000원

금융혁명 ABS

자산유동화 실무위원회 지음

자산유동화(ABS)제도에 대해 자산유동화 거래실무에 종사하는 국내외금융기관의 담당자, 전문변호사, 정책입안을 담당하는 재경부와 금융감독원의 관계자들이 함께 참여하여 알기 쉽게 종합적으로 풀어썼다. ABS에 관련된 각 분야를 사례중심으로 현장감 있게 분석 정리했고 법률 축조해설까지 곁들여 누구나 쉽게 실전에 활용할 수 있도록 했다.

양장/20,000원

월가 천재소년의 100가지 투자법칙

맷 세토 지음 / 형선호 옮김

10대 천재소년 맷 세토가 세운 뮤추얼 펀드의 연간 수익률은 단연 압도적이다. 이 소년은 〈월 스트리트 저널〉의 표지인물로 등장한 바 있으며, 전세계 투자자들이 조언을 듣기 위해 애쓴다. 17세에 억대 부자가 된 맷 세토가 100가지의 성공적인 주식투자 비법을 소개한다. 신선하고 반짝이는 그의 투자전략은 폭락과 반전을 거듭하는 우리 주식시장에서 성공을 보장할 것이다.

신국판/8,500원

뮤추얼펀드 투자가이드

한국펀드평가 지음

뮤추얼펀드는 주식형수익증권, 외국인과 함께 주식시장의 큰손이다. 그들이 어떤 종목에 관심을 갖고 매수하며 어느 정도 보유한 뒤 매도하는가? 한국펀드평가(주)가 국내 최초로 뮤추얼펀드 69개를 집중 분석한 이 책은 펀드매니저는 물론이고 증권사 종사자, 뮤추얼펀드에 새로 가입하려는 투자자에게 매우 유익한 지침서가 될 것이다. 국내최초의 펴낸 뮤추얼펀드 종합 분석 전략 가이드.

신국판/15,000원

맥킨지 금융보고서

맥킨지 금융팀 지음

20년간 아시아 금융시스템을 분석, 컨설팅해온 맥킨지 금융팀은 21세기 한국을 비롯한 아시아의 은행 및 금융시스템이 어떤 도전을 받을 것이며 어떤 새로운 기회가 도래할 것인지 2010년까지의 금융 패러다임을 예측하고 있다. 금융시장의 어제와 오늘 그리고 미래를 열어가는데 없어서는 안될 미래지향적 금융산업 구축에 과연 무엇이 필요한지 그 비결을 담고 있다.

신국판/18,000원